U0736285

侗寨·五娘

职业学校非遗文化现代传承育人模式的探索

主编　黄煜欣　秦海宁　章永强

副主编　卿助建　徐毅华　龙陵英

编委　陈玲　伍依安　吕涛

　　　张慧　宁方方　徐娟

　　　余冰　罗媛媛　秦怡婷

中国海洋大学出版社

·青岛·

图书在版编目（CIP）数据

"侗寨·五娘"：职业学校非遗文化现代传承育人模式的探索 / 黄煜欣，秦海宁，章永强主编. — 青岛：中国海洋大学出版社，2021.11

ISBN 978-7-5670-3037-4

Ⅰ. ①侗… Ⅱ. ①黄… ②秦… ③章… Ⅲ. ①中等专业学校－非物质文化遗产－人才培养－研究－中国 Ⅳ.① G719.21

中国版本图书馆CIP数据核字（2021）第257939号

出版发行	中国海洋大学出版社		
社　　址	青岛市香港东路23号	邮政编码	266071
出 版 人	杨立敏		
策 划 人	王　炬		
网　　址	http://pub.ouc.edu.cn		
电子信箱	tushubianjibu@126.com		
订购电话	021-51085016		
责任编辑	矫恒鹏	电　　话	0532-85902349
印　　制	上海万卷印刷股份有限公司		
版　　次	2021年12月第1版		
印　　次	2021年12月第1次印刷		
成品尺寸	185 mm×260 mm		
印　　张	13.5		
字　　数	203千		
印　　数	1～1000		
定　　价	88.00元		

发现印装质量问题，请致电021-51085016，由印刷厂负责调换。

习近平总书记指出，"优秀传统文化是一个国家、一个民族传承和发展的根本，如果丢掉了，就割断了精神命脉。"党的十九大报告提出，要"推动文化事业和文化产业发展"，"加强文物保护利用和文化遗产保护传承"，"在实践创造中进行文化创造，在历史进步中实现文化进步"。优秀民族文化是中华民族共有的精神财富，是中华文化创新发展的不竭源泉和动力。2020年，习近平总书记进一步指出，要加强非物质文化遗产保护和传承，积极培养传承人，让非物质文化遗产绽放出更加迷人的光彩。

职业教育作为国民教育的重要组成部分，是民族文化传承创新的重要阵地和载体。非遗人才培养业已成为职业教育人才培养新抓手。在民族文化传承方面，2013年教育部、文化部、国家民委联合下发了《关于推进职业院校民族文化传承与创新工作的意见》，要求推动职业教育人才培养与非物质文化遗产传承相结合，围绕非物质文化遗产的传承与保护，调整专业设置，加强专业建设，更新课程内容，创新教学方式，实施对口培养，为非物质文化遗产的传承、创新、研究和管理提供有力的人才保障。我国加入《保护非物质文化遗产公约》以来，非物质文化遗产保护工作取得了显著成绩，但非遗传承人"老龄化"现象明显，后继乏人成为一个关键性问题。现代工业规模化生产严重冲击着传统手工作坊的生存和发展。少数民族年轻人受外出务工快速致富思想影响，不愿意继续学习传统技艺。传统技艺文化生态环境、自然传承模式遭到破坏，后继乏人。

柳州市第二职业技术学校响应国家文化强国战略，以广西三江侗族非遗文化为核心，通过校内和校外两个平台的建设，建立三级传承人队伍，将侗族非遗与专业建设相融合；通过非遗项目的传承，让师生认识非遗的丰富内涵，认识传统文化的内在魅力，实现从文化自知到文化自觉的转变，推动校园文化建设，并做出了如下有益的探索。一是践行国家人才发展战略。职业教育主要通过开设相关专业与课程，引入传统技艺，进行规模化教学，批量化培养传承人，促进文化事业蓬勃发展，增强民族文化自信心，提升国家文化软实力，也为现代职业教育的发展和非遗技艺传承创新开拓新思路。二是与当地行业产业需求相融合。职业教育是教育生态链的重要环节，我国对其投入的财力、物力日益增加。职业教育拥有丰富的智力资源、灵活的培养机制，是其他任何传统的非遗传承方式无法比拟的。该校通过产教融合、校企合作、共建产教学院的方式，支持了当地非遗的保护传承和文创产业的发展，取得了良好的效果。三是促进侗族非遗传承跨界联动创新发展。在经济全球化和文化多元化的今天，任何一项民族文化及传统技艺都无法再以单一的形式去传承发展，只有通过多项文化技艺的跨界联动创新发展，才能为现代人所接受，才能更具生命力和发展空间。

今年是中国共产党成立100周年，柳州市第二职业技术学校非遗教育成果——《"侗寨·五娘"：职业学校非遗文化现代传承育人模式的探索》的出版，是党的教育方针在职业学校落实的具体体现。总结成绩、分享经验，功在当下，利惠后人。

姚尹意

2021 年 6 月 16 日

目录

第一章　非遗文化与职业学校育人

新时期党和国家高度重视非遗人才的培养。习近平总书记指出，"优秀传统文化是一个国家、一个民族传承和发展的根本，如果丢掉了，就割断了精神命脉"。党的十九大报告提出"推动文化事业和文化产业发展""加强文物保护利用和文化遗产保护传承""在实践创造中进行文化创造，在历史进步中实现文化进步"。优秀民族文化是我国各民族共有的精神财富，是中华文化创新发展的不竭源泉和动力。职业教育作为国民教育的重要组成部分，是民族文化传承创新的重要阵地和载体。推进职业院校民族文化传承与创新，有利于提高职业院校学生的文化品位、审美情趣、人文素养和技术能力，并对建设优秀传统文化传承体系、弘扬中华优秀文化具有重要意义。职业院校肩负使命，发挥着民族传统文化传承与创新工作人才培养的主力军作用。

非遗人才培养业已成为职业教育人才培养新抓手。在民族文化传承方面，2013年教育部、文化部、国家民委联合下发了《关于推进职业院校民族文化传承与创新工作的意见》，要求通过推进职业院校民族文化传承与创新，提高职业院校学生的民族文化素养，进一步提升学校服务社会主义文化发展的能力；创新人才培养模式，提高民族文化相关专业学生，特别是民族地区学生的职业技能，促进就业，提高就业质量；促进职业教育专业结构调整，优化专业布局，推动民族地区职业教育特色发展；推动职业教育与非物质文化遗产传承人才培养相结合；借民族文化之力，培养高素质技术技能人才，为民族特色产业、文化产业发展提供人才支撑。

非遗人才培养是坚定文化自信、提高国家文化软实力的时代要求。我国加入《保护非物质文化遗产公约》以来，非物质文化遗产保护工作取得了显著成绩，但非遗传承人"老龄化"现象明显，后继乏人成为一个普遍性问题。现代工业规模化生产严重冲击着传统手工作坊的生存和发展。少数民族年轻人受外出务工快速致富思想影响，不愿意继续学习传统技艺。传统技艺文化生态环境、自然传承模式遭到破坏，后继乏人。基于对非遗技艺传承创新诉求，完善现代职业教育专业建设需求，以及培养非遗技艺传承创新型人才需要，亟须探索新的非遗技艺传承人才培养路径。

　　非遗人才培养模式可视为由一个系统内各培养单位（主要指学校、教育行政机构、民族管理行政机构、非遗研究机构）子系统及其内部各次级要素（人才、知识、信息、资金、设备、制度及文化等）及其关联流所构成。协同的基本原理是指在一个有大量子系统的系统中，在控制参量的巨大影响之下，通过子系统之间的相互影响以及序参量之间的相互作用，使系统形成具有一定的自组织功能的机构，并使系统由无序混乱变为宏观有序的状态。序参量是系统从无序趋向有序过程中起关键作用的宏观要素，控制参量是影响系统从无序趋向有序的环境要素；当外界达到一定的阈值时，系统将产生相变。在一个开放的、原理平衡的系统中，基于控制参量的控制和导向作用，系统的内在机制和外生力量使其在非线性作用下发生相变，放大涨落效应。伴随序参量的产生，系统在平衡状态和非平衡状态的反复循环中实现高级有序。非遗人才协同培养从本质上讲是通过培养过程复杂的非线性相互作用而产生单独的培养要素或环节所不能达到的整体协同效应的过程。2019年国务院出台的《国家职业教育改革实施方案》中提出，"深化产教融合、校企合作，育训结合，健全多元化办学格局""促进产教融合校企'双元'育人"。产教融合是指行业、企业和高等学校为了各自的发展而建立的一种资源共享、优势互补、需求对接的合作活动、关系及机制，其本质是要建立起利益共同体，实现生产和教育一体化的目标，进而促使国内的教育链、人才链得到发展和延续。

　　国内关于产教融合协同育人机制的研究可以分为两个方面：一方面，从职业教育整体的角度强调顶层设计和协同育人机制的构建；另一方面，依据所在地区区域经济与职业院校的发展实际，提出适宜的协同育人措施。在职业教育整体层面上，认为构建产教融合的协同育人机制必须以技术为切入点，组建产、学、研三位一体的技术平台，遵循企业化的管理机制、产业化的运行机制、价值主导的评价机制、市场导向的进退机制和行业协会负责的人才流动机制。在产教融合的机制建设上，认为需要建立互需的动力机制、协作的互动机制、多赢的共享机制、社会多方的评价机制和师徒的学习机制。产教融合既是一种政、产、学、研四位一体的融合模式，也是一种由多个主体参与的能够应对国际市场变化的社会组织形式，多元化主体合作共赢、多层次动态演化、不同要素资源优化组合和协同创新。

第一节　非遗文化概述

一、非物质文化遗产的定义及范围

关于非物质文化遗产的定义，目前学术界普遍接受的是联合国教科文组织在 2003 年 10 月 17 日第 32 届大会通过的《保护非物质文化遗产公约》（以下简称《公约》）中对非物质文化遗产的定义。《公约》认为，非物质文化遗产指"被各社区、群体，有时是个人，视为其文化遗产组成部分的各种社会实践、观念表述、表现形式、知识、技能以及相关的工具、实物、手工艺品和文化场所"。《公约》认为，非物质文化遗产包括以下方面：① 口头传统和表现形式，包括作为非物质文化遗产媒介的语言；② 表演艺术；③ 社会实践、仪式、节庆活动；④ 有关自然界和宇宙的知识和实践；⑤ 传统手工艺。

《国务院办公厅关于加强我国非物质文化遗产保护工作的意见》（国办发〔2005〕18 号）和《国务院关于加强文化遗产保护的通知》（国发〔2005〕42 号）进一步界定了非物质文化遗产的定义和范围，认为非物质文化遗产是"指各族人民世代相承的、与群众生活密切相关的各种传统文化表现形式（如民俗活动、表演艺术、传统知识和技能，以及与之相关的器具、实物、手工制品等）和文化空间"，包括"口头传统，包括作为文化载体的语言；传统表演艺术；民俗活动、礼仪、节庆；有关自然界和宇宙的民间传统知识和实践；传统手工艺技能；与上述表现形式相关的文化空间"。

二、非物质文化遗产的基本特征

根据《公约》的界定，非物质文化遗产具有以下特征。

（一）无形性

无形性是指非物质文化遗产不占有任何具体的物理空间，看不见，摸不着，只能被人们所感知，从而决定了非物质文化遗产保护的特殊性。例如，端午节是一项国家级的非物质文化遗产，没有任何有形物质载体，以一种节庆形式存在于人们的心中，成为人们文化生活的重要组成部分。我国于 2008 年将端午节定为国家法定节假日，就是充分考虑非物质文化遗产的无形性特征而采取的一种有效保护方式，使其内容的丰富和文化的传承有了可能。

（二）传承性

传承性是指非物质文化遗产是由各个群体或团体随着其所处环境、与自然的相互关系和历史条件的变化而传承积淀下来的。简而言之，一种具体的文化形式，只有经过历史的演进，承载了人们厚重的精神寄托和文化品格，才能成为非物质文化遗产。此项特征决定了非物质文化遗产保护就是要为其传承创造良好的氛围，开发适宜的生态环境，使之能够延续、传承。

（三）实践性

实践性是指非物质文化遗产是人们在生产、生活实践中创造的表达其喜庆、欢乐、悲哀、痛苦等情感的形式，其中凝结着各个群体或者团体的文化旨趣。此项特征决定了非物质文化遗产保护须与人们的生产、生活实践相联系，因此，构建非物质文化遗产保护制度、建立非物质文化遗产保护模式应以实践为基础。

（四）活态性

这是非物质文化遗产的核心特征。非物质文化遗产是人类在历史演进过程中创造的文化成果，它依附于特定的国家、民族、族群、地区或者个人而存在和发展，因此，非物质文化遗产的传承与延续首先需要最大限度地保护其赖以生存的文化环境，其次是最大限度地保护其赖以传承的文化生态土壤，使之在这样的环境里、这样的土壤上延续下去。

（五）开放性

开放性是指非物质文化遗产的传承和延续并不是一成不变的，而是随着历史的发展和时代的变迁而不断丰富发展的。以春节为例，按照传统习俗，在春节期间，人们通常要进行丰富多彩的活动，如除灰尘、送灶神、贴春联、吃饺子、放鞭炮、祭祖宗、走亲戚、串朋友、舞龙灯、踩高跷。现在，春节期间放鞭炮就受到了限制或禁止，增加了收看央视春节联欢晚会、集体团拜的新内容。因此，非物质文化遗产的内容会随着时代的变化而变化。

非物质文化遗产所具有的上述各项基本特征，决定了非物质文化遗产保护必将面

临诸多困难。因此,研究非物质文化遗产保护模式,既有利于维护国家主权和文化主权,也有利于促进国家之间的文化交流与合作。我国于 2004 年 8 月 28 日批准加入《公约》。为了履行《公约》义务,我国立法机关于 2006 年启动《中华人民共和国非物质文化遗产法》的立法程序。该法于 2011 年 2 月 25 日通过。保护非物质文化遗产是一个系统工程,可以采取多种措施,包括对非物质文化遗产的确认、立档、研究、保护、保存、宣传、弘扬、传承和振兴等。

三、非物质文化遗产的重要价值

非物质文化遗产是中华优秀传统文化的重要组成部分,是中华文明绵延传承的生动见证,是连结民族情感、维系国家统一的重要基础。其具有重要的文化价值、经济价值和历史价值。

(一)文化价值

非物质文化遗产承载着历史价值,同时也包含了丰富的文化价值,这是核心价值。它们记录着不同民族所特有的生活方式、思维方式等,展现了该民族自有的历史文化发展轨迹。这些都能够有效地帮助后人了解当时的社会文化,更全面客观地了解历史。随着社会的进步,不同地区、不同民族之间的人们交往也随之增多,相互的文化观念和意识形态也不断地产生摩擦、碰撞,逐渐交叉、融合,从而进一步促进了文化的多样性。非物质文化遗产生动地体现了此特性,因此其文化价值的重要性和珍贵性是其他文化遗产无法比拟的。

(二)经济价值

非物质文化遗产的经济价值一般难以直接展现出来,往往要通过其文化价值来体现,经济价值随着其文化价值的增大而增大。非物质文化遗产如果脱离了文化价值,脱离了一些如民间艺术节目、文化旅游等载体,其经济价值也就难以体现了。从发生学来讲,即就其最初的根源而言,非物质文化遗产的经济价值是其他一切价值(包括文化价值)的基础。在我国社会主义市场经济高度发展的今天,非物质文化遗产的经济价值越来越被重视并加以利用。我国是一个历史文化源远流长的多民族国家,各地区应根据本地的实际情况,利用所属的非物质文化遗产资源,开拓旅游业,尽量做到社会效益和经济效益的双赢。如近年来国内流行的边疆游、西部游,吸引人们的除了新疆、西藏等地的自然景致，还有其独特的非物质文化遗产。丝绸之路、雪域高原、宗教文化等都是吸引旅游者前往的不可忽视的资源。另外，还有一些少数民族特有的节日，如傣族的泼水节、藏族的望果节、彝族的火把节、苗族的芦笙节等，通过媒体及当地各方面的宣传和大力发展，都已成为人们所熟知的节日，这些民族特色文化使得前去探访的旅游者络绎不绝。将非物质文化遗产同旅游业科学合理地结合，可以进一步促进本地非物质文化遗产经济价值的开发，进而促进当地旅游业的地方特色和民族特色的开发，提高当地的综合实力。

（三）历史价值

非物质文化遗产传承着绚烂的历史，是人类珍贵的历史财富，是最浓缩的民族特色，可以帮助我们更好地认识和了解历史。非物质文化遗产和人类其他历史遗址、遗迹等一样，都是在一定的历史条件和历史特点之下产生的。通过它们，我们可以了解到人类在某个特定的历史时期的生产结构、生产力发展水平和风俗禁忌等多方面的情况，因而非物质文化遗产具有珍贵的历史价值。

总之，从历史价值的角度而言，非物质文化遗产是不同阶段历史文化精髓的积淀，将所属区域的历史文化内涵充分地保存并展现出来。通过全方位地探究传承下来的非物质文化遗产，人们可以更加真实、全面地了解曾经的历史和文化。

第二节　非遗文化育人的功能

教育是一个民族最根本的事业，是实施科教兴国战略的根基，是推动社会经济发展后续人才保障的重要阵地。学校肩负着人才培养、科学研究、社会服务、文化传承创新、国际交流合作的重要使命，应立足本职、找准定位，结合自身实际、围绕国家需要，挖掘教育事业的新方法、新动能，为社会主义培养更多合格建设者和可靠接班人，为科教兴国和人才强国战略做好人才储备。非物质文化遗产作为中华民族传统文化重要的组成部分，记录着中华民族生息繁衍的历史，凝结着中华民族的精神。充分运用非物质文化遗产中蕴藏着的丰富美育资源，既是保护和弘扬中华优秀传统文化的重要举措，又能推进审美和人文素养的提升，充分发挥非遗文化育人的功能。

一、非遗文化促学生文化素质提高

非遗文化能推进职业院校对民族文化的传承与创新，提高职业院校学生的民族文化素养，进一步提升学校服务社会主义文化发展的能力。

非物质文化遗产是中华民族五千年传承下来的文化精髓，在当今经济发展迅速、社会发展不断推进中，部分非物质文化遗产在传承上存在着各种各样的困难，面临重大危机，抢救、保护和发展我国非遗文化刻不容缓，但是如果仅仅依靠喜欢非遗文化的人来传承对于我国非遗的现状来说简直就是杯水车薪。因此，在党中央的号召下，全国很多省市开展了非遗文化保护工作，效益显著。非遗文化的保护是一项长期、艰苦、重要的工程，需要我们所有人行动起来。随着"中华优秀传统文化传承发展工程"的深入实施和"文化强国战略"的持续推进，作为形成民族文化原生状态、蕴藏传统文化最深根源、成为民族个性和民族审美习惯的"活"显现，非物质文化遗产在促进经济转型升级和增强国家文化软实力过程中的分量日益加重、作用愈加强大、地位愈发重要，非物质文化遗产的传承保护、发展创新也愈加迫切。

二、非遗文化促学生职业技能提高

非遗文化能创新人才培养模式，提高民族文化相关专业学生，特别是民族地区学生的职业技能，促进就业，提高就业质量。

在国家大力发扬民族文化、培养能传承创新民族文化的高技能人才的趋势下，餐饮业以及民族地区的幼儿园都需要民族文化相关专业的高素质技术技能人才。针对拓宽学生的就业市场问题，柳州市第二职业技术学校通过创新人才培养模式，把民族技艺与专业教学相结合，不断传承创新，一方面提升学生的专业技能和专业能力，另一方面使学生在就业上有更多的选择。

三、非遗文化促专业结构调整优化

非遗文化能促进民族地区职业教育专业结构调整，优化专业布局，推动民族地区职业教育特色发展。

将非遗项目建设融入专业课程，建立起"理实一体化"教学模式，改变传统课堂教育模式，推动职业教育与非遗文化传承人才培养相结合，构建"专业教师＋传承人＋

专家"的教学团队。有条件的职业院校可以采用"1＋1"的教学模式，即由一个专业教师和一个非遗传承人共同开设一门非遗课程，专业教师负责理论讲授，非遗传承人负责实践教学。同时邀请非遗研究专家经常性地开展相关讲座，进行理论提升。

课程作为主要教学载体，是学校开展教育活动的一大支撑。非遗课堂集兴趣、手工、创新于一体，使课程变得丰富多彩，教学形式更加灵活生动。非遗项目不仅体现了卓越的技能，而且包含了伟大而永恒的民族精神，是道德教育和审美教育的重要来源。在构建非遗文化课程的过程中，学校通过认真梳理相关的文化并应用于课程建设，提高教师的思想境界，优化教育模式。通过非遗课程的学习，学生可以提高自己的道德素养和人文情怀，拥有丰富的非遗文化知识，实现全面发展。

四、非遗文化促技术技能人才培养

非遗文化能借民族文化之力，培养高素质技术技能人才，为民族特色产业、文化产业发展提供人才支撑。

文化能够为创新提供动力与营养，非遗项目中包含的文化元素本身就具有持久的生命力与潜在的创新性。除了接触非遗项目，学生还可以通过学习传统文化，培养创新意识。实践是创新的源泉，通过实践学生可以获得新的启示，展开大胆的想象和创作，让传统文化绽放出新的光彩。这将在学生的心灵中播下创造的种子，为文化的传承与创新储备人才。

第三节　非遗文化育人的作用

近年来，党和国家从政策层面推动和引导的非遗保护工作已经实现了质的跨越。非遗文化从根本上说是以人为核心、以生活为载体的活态传承实践。其源头活水在于面向大众的积极传播、代际传递、传人培养。只要能够为学生提供一个良好的弘扬非遗文化的校园氛围，学生会自主自发地开展校园活动，为传承和创新非遗文化贡献自己的一份力量。

一些非遗技艺由于太过小众或后继乏人面临发展困境。对于此类现象，一方面，非遗文化所在地高校可以结合自身专业特色、地缘优势、社会影响力等因素做好校地结合文章，以期做到大众性传播、系统性传承、专业性培养；另一方面，注重非遗文化在高校文化育人中的作用，即以学生兴趣为导向，注重非遗文化的精神内核、技艺传承、"工匠精神"；积极引入体现职业特点的工作规范、职业能力等企业文化元素，打造体现"工匠精神"的校园文化环境和紧密对接企业需求的实训环境，让学生体验职业文化、熏陶"工匠精神"、修炼匠人气质。以"工匠精神"对校园文化的无形浸润，在潜移默化中引导学生自觉践行和弘扬社会主义核心价值观，提高学生对中华优秀传统文化的自主学习和探究能力，培养学生的文化创新意识，增强学生传承弘扬中华优秀传统文化的主动性和自觉性。

职业院校育人体系中关于"文化育人"的探索表明，非遗文化既展现了传统工艺的精致，又体现了现代的设计理念；既是传统文化的集中体现，又是"工匠精神"的生活实践。非遗文化应该作为"文化育人"的重要载体和施教平台。中职学校可以以聘任非遗文化传承人为课程导师、建立健全非遗文化工作室制度、定期举办非遗文化集中展示活动等具体方式，引导高雅艺术、非遗文化、民族民间优秀文化走近中职生。文化要有活动支持，活动要有文化指引，既尊重传统性，以"手把手"的方式传承非遗技艺；又强调专业性，以系统的教育传授专业知识，提升非遗传承专门人才的培养实效，使非遗文化传承与实践有效助推"三全育人"机制建设，有效开展育人工作。

一、为开拓非遗人才培养路径提供范本

非遗项目与职业教育深度融合，通过开设相关专业与课程，为现代职业教育的发展和非遗技艺传承创新开拓新思路。

柳州市第二职业技术学校具有服装设计与工艺、工艺美术、美术设计与制作、学前教育、社会文化艺术、旅游管理等专业资源，可以将侗族刺绣、侗族大歌、侗族农民画、侗族打油茶、侗族百家宴这五项非遗文化技艺的传承创新对应融入各专业人才培养过程中。通过多专业联动，将五项非遗文化技艺项目跨界发展，以"123＋N"民族文化传承创新职业教育现代人才培养模式（下文简称为"123＋N"模式）为基石和支撑，丰富、深化和落实"123＋N"模式内涵，打造独特的"侗寨·五娘"文化，探索侗族非遗文化产业化发展之路。

二、践行实施国家人才发展战略

在非遗技艺的传承创新方面，职业教育通过开设相关专业与课程，引入传统技艺，进行规模化教学，批量化培养传承人，能促进文化事业蓬勃发展，增强民族文化自信心，提升国家文化软实力。

党的十九大报告指出，中华优秀传统文化是中华民族的突出优势，是我们最深厚的文化软实力；要坚定文化自信，推动社会主义文化繁荣兴盛。基于此，作为传承与创新优秀传统文化的基本场所，各类学校理应主动靠前，在传承创新优秀传统文化中发挥更大的作用。为了传承民族传统文化，继承本地非物质文化遗产，全国各地陆续开展了"非物质文化遗产进校园"活动，以传承和保护非物质文化遗产为重点，以丰富多彩、积极向上的校园文化活动为载体，将本地的非遗文化融入学校教育和学生生活，通过学生全方位、多角度地参与，让非遗文化的独特魅力和文化内涵激发学生的爱国热情，培养学生的民族自豪感和文化认同感。非遗文化不仅是一个民族生生不息的根脉，更是传统文化源远流长的精髓。在新的历史时期，如何才能够将非物质文化遗产传承下去，采用进校园的方式是一种尝试性的创新。

结合当前国家大力推进乡村振兴国家政策，在"123＋N"模式下，将职业教育的专业与地方传统技艺融合发展，有利于提升职业教育对区域文化产业的服务能力，促进地区经济发展。

三、促进侗族非遗文化传承的跨界联动创新发展

民族传统文化是民族的传统积淀，在发展中不能轻易被改变。在经济全球化和文化多元化的今天，任何一项民族文化及传统技艺都无法再以单一的形式去传承发展，只有通过多项文化技艺的跨界联动创新发展，才更能为现代人所接受，才更具有生命力和发展空间。传承、创新侗族文化，意在继承侗族文化的同时，创新传统文化。采取多元化的视角，通过现代科学技术融合其他文化，将侗族歌舞、侗族器乐、侗族服饰、侗族手工艺在原有民间技艺的基础上增加表演元素、科技元素及可观性，进而使得侗族传统文化得以传承并焕发新的生机和活力。

四、适应当地行业产业需求

职业教育在非遗传承中的作用是由它在整个教育体系中的地位所决定的。职业教育是教育生态链的重要环节，我国对其投入的财力、物力日益增加。职业教育拥有丰富的智力资源、灵活的培养机制，是其他传统的非遗传承方式无法比拟的。

柳州市是一个具有悠久历史文化的少数民族聚居地，民族风情浓郁，文化沉淀厚重。柳州市第二职业技术学校作为传播文化知识、培养技术技能型人才的国家级重点职业学校，义不容辞地承担起了弘扬与传承柳州地区少数民族文化的责任。以柳州的民族文化特色为教学主题，充分利用加快柳州文化旅游产业发展的契机（文化结合旅游，打造旅游品牌；全国职业教育与应用成果博览会；联动相关民族歌舞文化、服饰文化、特色产品，精心制作一批有影响力的工艺品等旅游宣传品）服务柳州产业经济，服务柳州各项发展规划，改变柳州文化产业薄弱滞后的现状，为提升柳州文化的软实力服务。

三江侗族自治县是柳州市重点打造的民族风情旅游名区，拥有独具特色的侗族风情和服饰文化，其中侗族大歌、侗族刺绣、侗族农民画、侗族百家宴等都是自治区级非物质文化遗产。侗族风情及文化对我国文化创意相关行业的设计创意创新有巨大研究价值，是一笔非常丰富的文化创意资源。随着社会经济转型的冲击，传统侗族非遗文化受众面变窄，掌握绝活儿的民间艺人大多年事已高，当地年轻人不愿意学，精通侗族非遗文化的人越来越少，侗族非遗文化的传承面临后继无人的现状。怎样将传承民族民间文化与市场结合、精美的传统文化与现代口味结合，改革传统的手口相传、被动等待学习者的技艺传承教学模式，成为侗族非遗文化不得不面对和解决的问题。因此，柳州市第二职业技术学校将侗族非遗文化传承创新基地的建设与实践列为中华民族优秀文化传承创新重点研究课题和建设项目。

第二章 "侗寨·五娘"与非遗文化

第一节 "侗寨·五娘"的内涵及特点

响应国家文化强国战略，采用"123＋N"民族文化传承创新职业教育模式，将侗族刺绣、侗族大歌、侗族农民画、侗族打油茶、侗族百家宴这五项非遗文化技艺以"侗寨·五娘"（绣娘、歌娘、画娘、茶娘、厨娘）的形式，对接服装设计与工艺、工艺美术、美术设计与制作、学前教育、社会文化艺术、旅游管理等专业教育教学活动及人才培养目标。多专业联动,跨界合作发展,将侗族非遗文化技艺置入不同艺术领域(如将民族主题元素融入包装设计、室内设计、服装设计、工艺美术品设计、歌舞艺术表演设计等)，孵化出多元化的非遗创新作品，并将这些优秀的民族文化作品送出国门。通过纽澳中时尚文化周、中国－东盟国际时装周等展示平台，将侗族文化创新成果进行国际化和商业化推广。通过校企合作，产教融合，建设集"技艺研究、产品开发、社会服务、展示交流"于一体的侗族文化传承与创新职业教育，打造具有民族文化特色的服装艺术类专业群，培养侗族文化传承和创新型人才，服务社会。具体研究的目标和内容有以下几点。

一、融入非遗文化，培育校园文化育人内核

柳州市第二职业技术学校以三江侗族非遗文化为核心，通过在校内建立民族文化体验馆、侗族手工技艺传承工作坊、侗族服饰手工艺社团、侗族大歌合唱团等侗族非遗文化体验和实践场所及学生社团组织，将侗族非遗文化精神纳入校园文化建设。通过非遗项目的传承，让师生认识非遗的丰富内涵，认识传统文化的内在魅力，实现从文化自知到文化自觉的转变，推动校园文化的建设。早在2012年，学校就将侗族服饰和侗绣作为服装设计与工艺专业、工艺美术专业、美术设计与制作专业特色课程列

入学生课程体系。将非遗项目建设融入专业课程，集兴趣、手工、创新于一体，改变传统课堂教育模式，建立起"理实一体化"的教学模式。

二、搭建研发平台，推进非遗项目技艺创新

柳州市第二职业技术学校依托项目建设，引进侗绣传承人、广西工艺美术大师，联合校级侗族服饰技艺大师，成立韦清花侗绣大师工作室、张礼全工艺美术大师工作室和陈美娟侗族服饰创意技能大师工作室，搭建起校内侗族非遗文化研发平台。技能大师工作室在建设的过程中承担着以点带面，打造典型形象、文化传承、技能引领和导向的任务，成为集非遗文化的研究与传承、非遗技艺的改造与创新、非遗产品的开发与营销于一体的非遗文化研发"小高地"。

三、依靠教育科研，构建三级非遗传承队伍

柳州市第二职业技术学校聘请非遗传承大师担任名誉教授常驻学校，亲自授课，亲传技艺，促进学生近距离接触非遗文化及技艺，延拓非遗技艺传承覆盖面；构建本校非遗传承师资队伍，依托非遗大师工作室，鼓励校内教师与非遗传承大师通力协作，共同制定特色人才培养方案、编写教材与授课，以系统的理论教育规范技艺传承；建立学生创客空间，引入文创项目，邀请非遗传承人授课，技能大师、企业技术人员、校内骨干一对一分组指导，学生自主研发作品，形成"大师工作室＋教师工作室＋学生创客空间"的非遗传承队伍构建模式，提升非遗传承与专门人才培养实效。

四、发挥基地资源优势，形成特色发展之路

柳州市第二职业技术学校成立侗族非遗体验中心，设立制作体验区、非遗衍生品区和创客空间，建成侗族服饰、民族手工艺、侗族刺绣、侗族大歌、侗族农民画等多个校内外大师工作室。校内"＋N"专业联动，形成多项功能并举的开放式专业交流与服务平台，增强非遗教学资源的普适性，实现非遗资源的共享、更新和持续发展，提高非遗保护、传承成效，推动非遗项目的技艺创新，顺应大国"工匠精神"培育和传统文化代际传承、创新的发展需要。

第二节 "侗寨·五娘"与非遗文化的关联

　　"侗寨·五娘"主要是对侗族的五个非遗技艺——侗绣、侗歌、侗画、侗茶、侗宴进行再发展，通过创新的手段盘活五种传统技艺，并将非遗技艺融入职业技能教育教学当中，提升学生对民族文化的认知，为国家培养具备侗族文化技艺传承与创新能力和意识的高素质技术技能型人才。"侗寨·五娘"中，绣娘主要是将侗绣这一传统技艺与服装设计与工艺专业进行结合；歌娘主要是将侗族大歌这一传统技艺与社会文化艺术专业、学前教育专业进行有机融合；画娘主要是将侗族农民画这一传统技艺与工艺美术专业进行结合；茶娘则是将侗族打油茶这一传统技艺与茶叶生产与加工专业、旅游服务与管理专业进行结合；厨娘则是将侗族百家宴这一传统技艺与旅游服务与管理专业进行结合。

　　《中华人民共和国非物质文化遗产法》中对非物质文化遗产有着非常明确的规定，即各族人民世代相传并视为其文化遗产组成部分的各种传统文化表现形式，以及与传统文化表现相关的实物和场所。通过对"侗寨·五娘"进行详细的分析可以发现，其文化特征应当包括非物质性、整体性、民族性、活态传承性和多元性五个方面。

一、非物质性

　　非物质性是"侗寨·五娘"最为重要的文化特征。相对于物质文化遗产，"侗寨·五娘"在传承的过程中更加强调人与人之间的"口传身授"。为了保证"侗寨·五娘"的传承效果，应从以下几个方面入手：第一，学校应当对侗族当地的服饰、手工艺品以及歌舞作品等进行大面积的搜集，防止遗漏；第二，对搜集到的非遗元素进行系统的整理与归类，并分析其文化内涵、技艺表现形式和艺术规律；第三，将最终总结出的精华进行文字化、体系化和课程化的编辑，最终形成侗族非遗系列教材。

二、整体性

　　非物质文化遗产的传承不仅仅包含传统技艺，还应当包括与其相关的工具、实物、手工艺品等传承载体和文化环境、文化空间以及其所要传达的文化传统和民族精神。整体性在"侗寨·五娘"的传承中主要体现在其每一"娘"非遗技艺都有着独特的文化传统与文化环境。如果"侗寨·五娘"在传承的过程中忘记了整体性，那么不仅其最终的传承意义会大减，也会失去其发展的环境与文化内涵。

三、民族性

非物质文化遗产另外一个比较重要的文化特征就是民族性。"侗寨·五娘"在传承的过程中应当始终与侗族人民的生活、生产方式保持联系，只有这样才能够使侗族的传统技艺逐渐"复活"，而不再是"濒危"技艺。"侗寨·五娘"在传承的过程中，吸取了以往的失败经验，对传承的方式与手段进行了很好的创新，使其紧贴非遗的民族性特点，从而促进侗族传统文化的发展。

四、活态传承性

非物质文化遗产在传承的过程中最主要的目的就是为本民族的人们传授祖祖辈辈的生存经验与生活方式，通过这样的方式能够凝聚民族的自信心。值得注意的是，虽然非物质文化遗产与物质文化遗产都具有传承性这一文化特征，但是它们在传承过程中所采取的方式却大相径庭。物质文化遗产在传承的过程中是具体的、有形的，因此，物质文化遗产是静态的传承，通过对具体的物质进行研究与分析，进而揭示其背后的文化内涵。非物质文化遗产的传承与之不同，它在传承的过程中是抽象的、无形的，即非物质文化遗产的传承是活态的，其主要强调的是精神文化的传递，在传承的过程中需要进行交流与演示，从而使人们在心理层面对传统文化与技艺有认知感。因此，"侗寨·五娘"在传承的过程中强调的是人们的主观能动性，需要将代表侗族文化的五种技艺进行整理与再创新后，通过授课与实习的方式使学生对其有更深的理解。通过激发其活态传承性，并在传承过程中融入新时代的元素，从而使"侗寨·五娘"在新时代获得更长远的发展。

五、多元性

所谓多元性就是指非物质文化遗产的存在形态和表现形式的差异。"侗寨·五娘"不仅通过专业联动和系统的侗族文化技艺学习的方式来强化学生对侗族优秀文化的认知，还会借助主题鲜明的校内外侗族非遗技艺的文化交流和展示活动来调动学生积极参与的主动性，提高学生对侗族文化的认同感。另外，学校还会通过组织学生参加丰富多彩的非遗传承活动，来展现侗族的文化风采，提升学生的自豪感。

第三节 "侗寨·五娘"引入职业学校的缘由

文化是内在于人的一切活动之中的，深刻影响人的行为方式而难以直接把握的深层的智像。学校文化作为一种潜在的、弥漫在学校每个角落的教学资源，对课程和学生发展起着潜移默化的、深远持久的作用。对于学校来说，传承和发展民族文化是实现良好教育的前提和保障，是遵循教育规律的正确途径。

一、教育是民族文化的生命机制

民族文化是维系民族存在的精神纽带和最持久、最稳定的因素。民族文化是一个民族的灵魂，也是一个民族存在的根基，更是一个民族得以发展的智慧之源和不竭动力。一个民族之所以能够存在和发展，就在于她有自己独特的传统文化和文化之上的精神支柱。不管是物质文化还是非物质文化，都凝聚着人类文明的精华，承载着人类生活的智慧。民族文化集中地反映了一个民族独特的审美情趣、人生哲理和群体的价值取向。同时，民族文化也承载着民族的智慧与精神，展示着民族的辉煌与自豪。教育人类学家认为，教育是文化的生命机制，正是在教育的作用下，文化才得以产生、保存和沉淀，得以创造、发展和弘扬。民族文化的传承与发展是通过教育与教育过程中的活动过程得以实现的。所以，教育是民族文化传承的内在动力。

民族文化的传承与发展必须找准主体才能实现广泛性。青少年是接受教育的主体，更是未来世界的主人。只有通过开发民族文化校本课程，开展丰富多彩的民族文化活动，培养教师和学生的民族文化认同感和自豪感，才能使民族文化传承具备造血功能。所以，民族文化进校园是必不可少的、充满美好未来的一个教育环节，是一项关系到民族文化持续保护和发展的长远性工程，是从源头上解决民族文化资源流失和发展的一项重要措施，是促使民族文化的传承链得以持续延伸和发展的有效途径。

二、传承和发展民族文化是新时代加强和改进中职学校德育工作的要求

《教育部办公厅关于加强和改进新时代中等职业学校德育工作的意见》（教职成厅〔2019〕7号，以下简称《意见》）中指出，中职学生正处在人生成长的"拔节孕穗期"，

最需要精心引导和栽培。他们的理想信念、价值观、思想道德状况，直接关系到我国产业生力军的素质，关系到国家和民族的未来。加强和改进新时代中等职业学校德育工作，是适应新时代中国特色社会主义发展的必然要求，对于培养高素质劳动者和技术技能人才、培养担当民族复兴大任的时代新人，具有重大战略意义。《意见》指出，要全面贯彻党的教育方针，落实立德树人根本任务，培育和践行社会主义核心价值观，不断提高学生思想水平、政治觉悟、道德品质、文化素养，培养德智体美劳全面发展的社会主义建设者和接班人；要加强中华优秀传统文化、革命文化和社会主义先进文化教育，实施中华文化传承工程，推动中华优秀传统文化融入教育教学，强化非物质文化遗产（民族文化）传承意识培育。

文化是民族的血脉，是人民的精神家园。优秀民族文化是我国各民族共有的精神财富。职业教育作为国民教育的重要组成部分，是民族文化传承创新的重要载体。推进职业院校民族文化传承与创新，有利于促进教育思想和教育观念的转变，提高职业院校学生的文化品位、审美情趣、人文素养和技术技能，对于发挥职业教育在文化育人和文化传承创新中的基础作用，将民族文化的传承和发展融入国民教育，不断增强广大师生员工的文化自觉和文化自信，建设优秀传统文化传承体系，弘扬中华优秀传统文化具有重要意义。

三、我国少数民族文化面临生存危机

（1）少数民族的民间工艺品及其手工技术继承困难。

现代工业的发展、经济全球化的趋势，造成少数民族手工制作的民间工艺品与现代化工业制造品相比，成本太高，没有竞争力，加上年轻一代很少有人愿意去做这种费力、费时的工艺，工艺传承难以持续，工艺技术也就逐渐走向衰退，甚至消亡。

（2）少数民族地区的语言文字濒临消亡。

语言文字是一个民族文化的灵魂，是少数民族独特的艺术与风俗习惯的基础与载体。少数民族丰富多彩的语言表现了多样的民俗风情，是世界文化宝藏的重要组成部分。随着经济全球化的发展，少数民族地区的语言文字陷入濒临消亡的危境。

（3）少数民族歌舞等难以传承。

经济全球化导致消费文化的传播，使少数民族地区人民的居住环境、生活消费方式有了很大的变化，民间歌舞赖以生存的环境改变了，具体表现在民间歌舞等艺人"老

龄化"现象明显，年轻人很多都外出务工，没有时间和心情向老一辈学习。有些外出务工的少数民族年轻人歌不会唱或不再去唱，舞也不会跳，渐渐地便抛弃了传统的民族歌舞，致使民族歌舞后继乏人，面临失传。

教育部、文化部、国家民委联合下发的《关于推进职业院校民族文化传承与创新工作的意见》明确提出，职业教育是民族文化传承创新的重要载体。推动民族文化融入学校教育全过程，推动职业教育与非物质文化遗产传承人才培养相结合，借民族文化之力，培养高素质技术技能人才，为民族特色产业、文化产业发展提供人才支撑。职业院校由于自身的办学目的和使命，与其他传承方式相比，在非遗传承方面具有得天独厚的保存、传递、更新、创造等方面的优势。

2016 年，广西壮族自治区教育厅、民委、文化厅、人力资源社会保障厅联合认定了柳州市第二职业技术学校、恭城瑶族自治县民族职业教育中心、富川瑶族自治县职业技术学校等 10 个民族文化传承创新职业教育基地。民族文化传承创新职业教育基地从民族服饰（侗族服饰、壮锦）、民族工艺（恭城油茶、雕刻、编织、瑶绣）、民族艺术（东方狮王、瑶族歌舞、刘三姐歌谣）、中华茶艺（六堡茶）等方面传承和创新民族文化，通过推动民族文化融入学校教育过程，发挥职业教育在改革民间传统手工艺传承模式、非物质文化遗产传承人才培养等方面的作用，较好地起到了职业院校传承民族文化的示范作用。

第三章 "侗寨·五娘"的育人要素

第一节 "侗寨·五娘"与育人

柳州市第二职业技术学校历来重视民族文化教育，1996 年出资创办了红瑶女童班。2012 年，基于柳州市委市政府将柳州打造为广西工业名城、历史名城、文化名城、旅游名城的"四大名城"发展规划，组织专业教师深入柳州少数民族聚居地进行调研，发现作为柳州市重点打造的民族风情旅游名区——三江侗族自治县拥有独具特色的侗族风情和服饰文化，但作为自治区级非物质文化遗产的侗族刺绣濒临失传。

为了挽救这一宝贵的民族文化技艺，柳州市第二职业技术学校发挥服装设计与工艺专业优势，与服装设计与工艺专业人才培养相融合，将侗绣非遗技艺引入校园。2014 年以来，学校组织老师继续深入了解和挖掘侗族文化，对侗族的歌、画、茶、饮食等方面的非遗技艺进行了分类归纳，并且通过专业联动的方式，对侗族非遗技艺进行了体系化设计，将侗族大歌、侗族农民画、侗族打油茶、侗族百家宴等非遗项目整体引入课堂。

第二节 "侗寨·五娘"的育人途径

三江侗族自治县不仅具有历史性和多样性的风情文化，还是政府重点创建的旅游名区。在三江侗族自治县，很多文化活动被列入非物质文化遗产名录项目，如侗族刺绣、侗族大歌、侗族农民画、侗族打油茶、侗族百家宴。这些非物质文化遗产不仅具有较强的文化研究价值，而且会对当地的区域文化发展产生巨大的影响，这为进一步推进传统文化的继承与发展，为中职院校构建特色文化育人模式提供了文化积淀。

一、构建特色的文化育人模式

以"侗寨·五娘"文化育人模式为着力点，促进文化的传承和职业教育基地的发展。

（一）促进文化的传承

"侗寨·五娘"文化育人模式是指将侗族的传统文化归纳为五个方向传承技能进行分类培养、共同传承，即绣娘、歌娘、画娘、茶娘和厨娘。

绣娘是以侗族刺绣为传承项目，主要聘请非遗传承人和校级大师共同培养学生在侗族剪纸刺绣和绲边绣方面的传承技能。歌娘是以侗族大歌为项目载体，培养并传承侗族大歌多声部无伴奏合唱的技能。画娘是以三江侗族农民画为传承项目，聘请三江农民画非遗传承人培养学生农民画的传承技能。茶娘是以侗族传统"打油茶"的饮食习惯归纳出侗族油茶文化，并让学生进行研习传承。厨娘是以侗族百家宴习俗为项目载体，培养学生在侗族百家宴方面的传承技能。五个着力点，以点带面，五位一体，共同推进侗族文化的传承。

（二）推动职业教育基地的发展

柳州市第二职业技术学校在充分运用校内外资源的基础上，向教育厅申请文化传承创新职业教育建设项目，并通过了审核。柳州市第二职业技术学校积极与相关企业进行合作，共建集"技艺研究、产品开发、社会服务、展示交流"于一体的侗族服饰文化传承与创新基地，打造具有民族文化特色的服装艺术类专业群，实现民族文化传承创新、非物质文化遗产保护、高技能人才培养、产业孵化等功能，服务区域经济发展。这种方式有利于民族文化及传统技艺的跨界联动创新发展，从而激发传统文化发展的生命力和拓展其发展的空间。

二、构建专兼结合的民族文化技艺教学团队

（一）打造专兼结合的教学团队

柳州市第二职业技术学校组织专业教师进行现代技术、民族文化及技艺和相关作品展示活动的培训，优化专业教师的文化知识结构，提升他们的专业教学水平。在此过程中，柳州市第二职业技术学校共培养出 10 名分别掌握侗族歌、画、绣、茶、厨等民族传统文化及技艺的专业教师。与此同时，柳州市第二职业技术学校也非常重视引进外部的文化艺术类专家及大师开展与侗族文化相关的教学及培训，并将兼职教师

与专业教师的工作进行巧妙地优化和组合，构建出一支由非物质文化遗产代表性传承人、技能大师、学校专业教师组成的侗族文化教学团队。

（二）积极开展相关的文化活动

柳州市第二职业技术学校积极组织教师开展"五娘"文化交流会，展示"五娘"文化中的艺术创新成果。与此同时，教师团队积极进行"五娘"节目的编排和配音创作等工作，将侗族文化融入教学工作中，进而取得各项优异的教学成果。

三、创设多种条件，促进民族文化传承创新

（一）成立工作室并积极创设校企合作模式

柳州市第二职业技术学校已成立张礼全工艺美术大师工作室、韦清花侗绣大师工作室，并与企业共建服装生产性教学工厂，从而形成以大师工作室为引领、名师工作室为支撑、专业学生可以全员参与侗族文化技艺学习实践的校企合作教学模式，为师生提供了侗族文化氛围浓郁的实践环境。

（二）组织各种表演活动

除了开展日常的民族传统文化技艺及创新的教学外，学校组织设计艺术系师生设计制作了"五娘"系列表演服饰 300 套、道具 200 件等，并开展了多种表演展示活动，锻炼和提高学生民族文化技艺传承与创新能力，弘扬广西少数民族文化。

（三）开展社团活动

柳州市第二职业技术学校通过开设主修侗族文化艺术特色课程的三江侗族班，创建三江同乡会、侗族大歌表演社团、侗族服饰与手工艺传承创意社团，组织侗族文化艺术歌舞展演、侗族感恩油茶会、侗族文创产品制作展示等特色系列活动，在校园中营造一种积极向上的学习和传承优秀民族文化的氛围，丰富学校民族文化活动，大力推进民族文化融入学校职业教育的发展。

通过对侗族服饰文化的深入学习和不断创新，民族技艺教学团队厚积薄发，创设出符合本校发展的育人模式，提升学生的综合素质能力，同时也让我们优秀的民族文化创新成果以自信的姿态走向世界，以实际行动为我国从文化大国向文化强国转型的伟大目标的实现而添砖加瓦。

四、践行多种"侗寨·五娘"文化的途径

（一）专业

"侗寨·五娘"以培养具有深厚侗族文化底蕴、具备侗族文化技艺传承与创新能力和意识的高素质技术技能型人才为目标，紧密围绕"侗寨·五娘"非遗技艺侗绣、侗歌、侗画、侗茶、侗宴这一核心内容，将"五娘"文化技艺传承与学校 N 个专业（专业群）人才培养相结合。例如，侗绣＋服装设计与工艺专业，打造绣娘；侗歌＋社会文化艺术专业＋学前教育专业，打造歌娘；侗画＋工艺美术专业，打造画娘；侗茶＋茶叶生产与加工专业＋旅游服务与管理专业，打造茶娘；侗宴＋旅游服务与管理专业，打造厨娘（图3-2-1）。同时，还建设了侗族非遗展示及传承场所，其中有韦清花侗绣大师工作室、张礼全工艺美术大师工作室，校级名师工作室——陈美娟民族服饰创意工作室、张慧民族歌舞工作室、徐娟民族包装创意工作室、伍依安民族创意家居工作室以及学生创客空间等学习实践的场所，变单一为多元融合。通过工作室化项目教学，使课程项目达到"作品化、产品化、商品化"，逐步实现"一生一手艺"的高素质民族文化技艺人才培养目标。

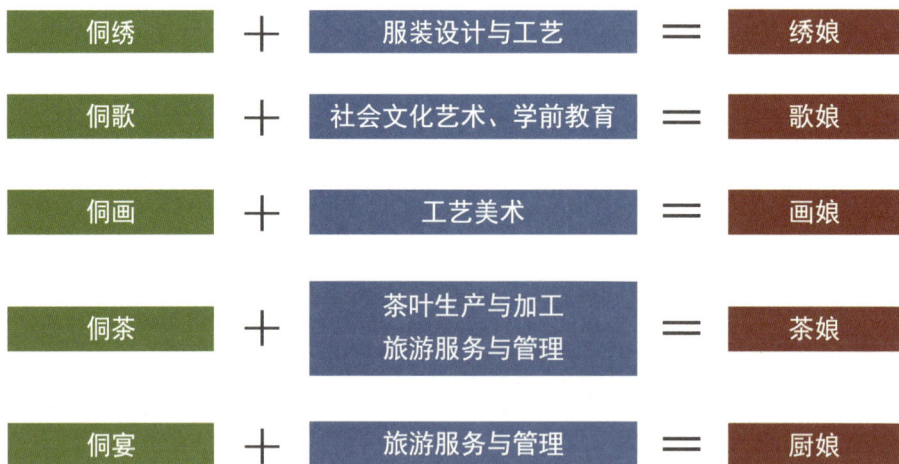

侗绣	＋	服装设计与工艺	＝	绣娘
侗歌	＋	社会文化艺术、学前教育	＝	歌娘
侗画	＋	工艺美术	＝	画娘
侗茶	＋	茶叶生产与加工 旅游服务与管理	＝	茶娘
侗宴	＋	旅游服务与管理	＝	厨娘

图 3-2-1　"侗寨·五娘"与学校多个相关专业对接

由此开发了系列侗族非遗特色课程与教材资源，有效对接相关专业，融入专业课程体系，发挥了优秀侗族文化技艺与专业技艺相融合教学的协同效应，营造了优秀的文化育人环境；搭建了"侗寨·五娘"非遗校内教研平台和校外产商平台，构建形成了一个政、校、企、行多方参与的侗族非遗文化实践共同体，以"非遗＋时尚""技艺＋文化""项目＋项目"为导向，将优秀侗族文化融入课程建设、艺术创作、校园文化、社会实践等育人环节之中（图3-2-2）。

图 3-2-2　"侗寨·五娘"的育人途径

（二）课程

民族文化和民族手工艺中蕴含着丰富的艺术教育资源，通过在工艺美术教学中渗透传统文化教育，不仅可以使学生掌握工艺美术的专业知识和技能，还可以培养学生对民族手工艺和民族文化的兴趣，促进民族文化和传统手工艺的传承与发展。一个民族的传统文化和手工艺如果不加以创新和变革，就没有生命力，也就无法跟上当代社会对艺术发展的需要。如何让学生在一种文化情境中理解民族艺术，并通过对传统文化艺术的感受和学习，参与到文化和手工艺的传承、表达、创造中，进而推进民族文化和手工艺的传承与发展，是我们工艺美术老师需要不断探索和努力的方向。

1. 将传统文化有机渗透到工艺美术课堂教学中

我国幅员辽阔，每个少数民族的文化中都蕴含着丰富的、各具特色的艺术和文化资源。在教学中，老师可以根据教学内容从相关传统文化中汲取艺术精华、精神积淀和审美情趣。通过在工艺美术教学中渗透传统文化教育，不仅可以使学生掌握工艺美术的专业知识和技能，而且对于民族文化的传承和发展也能够起到推动的作用。

对于文化的渗透，工艺美术教师可以在专业课教学中进行讲解、教授，也可以在平时的德育课和基础课程中进行渗透。例如，在德育课上，将本地区的民族文化、重要节日等内容以活动设计的形式进行教授，学生会更有参与感，对民族文化也更有认同感。

2. 让传统手工艺注入新元素

我国有 56 个民族，每个民族都有丰富的特色手工艺，各民族的传统手工艺中都蕴含着丰富的艺术教育资源。一个民族的传统文化和手工艺只有不断地创新和改进，才能跟上时代的步伐，才能在当代社会艺术发展的进程中不断被需要，富有生命力。我们一直希望通过创新使传统手工艺及文化恢复活力，创造性地使它们更加具有现代气息，成为与当代社会相适应的民族文化传播形式，生生不息，世代绵延。

（1）民族人物形象变卡通图案。

广西最具代表性的少数民族人物形象就是壮族少女头戴三角帽的形象。对于老一辈来说，民族服饰是民族文化的体现和现实代表。但随着时代的发展，现代的孩子生活在一个充斥着卡通的时代，电视荧屏上播放着大量的卡通剧，生活中到处有卡通形象的图片，民族服饰对孩子来说实在是太遥远了。所以，将民族人物形象设计成卡通图案，更容易让他们接受和喜爱，进而对这一民族的传统文化、艺术有新的认识和兴趣，顺应了时代的发展。

（2）在产品设计艺术中，民族符号与现代设计有机结合。

在广西，大多数孩子都来自少数民族地区，家里或多或少都保留着一些民族文化的印记。一套母亲亲手缝制的蝴蝶衣、一只竹编的渔篮、一顶漂亮的银头饰、一双精美的绣花鞋、一块家里织布机上的织锦……当学生把一件件自己平时身上穿的、生活用的各种物品汇聚在课堂上的时候，整个课堂摇身一变成了一个小小的民族文化博物馆。这样的活动，是让学生认识到民族文化及手工艺就在身边的最直接的途径。通过

从家中发现民族文化用品，将它进行再设计，让产品能够与现代美学设计相符合，从而焕发出新的生命力，这是工艺美术课堂在进行民族文化渗透教学中应该达到的目的。

（3）将民族手工艺融入现代美术课堂。

把当地的陶艺、银器制作纳入雕塑造型课，剪纸、木雕、编织纳入手工课，刺绣、扎染、织锦纳入图案设计课，木楼、歌会用作绘画创作课的素材，定期开展走进民族手工艺人工作室活动，与民族手工艺人一起玩泥巴、织布、剪纸、唱山歌，亲身体验民族艺术的创作过程。这样形式多样的课程融合，不仅丰富了课堂的教学形式和手段，更重要的是创造性地为民族艺术的推广和传承走出了一条新的途径，同时使课堂教学做到了有序性和长效性。

3. 走进生活去寻根，走进节日去体验

艺术来源于生活，柳州市第二职业技术学校的学生大多来自少数民族地区，在他们的日常生活中充满着丰富的民族文化的元素。引导学生在生活中不断发现民族文化艺术的身影，随时用手机收集、记录隐藏在生活中的民族艺术，那里有木楼飞檐，有石刻木雕，有竹子水车，有侗寨山歌，有织布纺线……把生活变成民族文化大课堂，这是一种学习民族文化艺术最有效的方法。

另一种学习民族文化艺术的有效途径就是走进节日现场去体验。节日的热闹、欢庆是所有人都喜爱的。广西有很多民族传统节日，"过大年"、唱山歌、做祭祀、抢花炮、斗马、吹芦笙……活动丰富多彩，这些是民族文化的集中体现，也是民族艺术的大荟萃。走进节日庆祝现场，参与各种民族活动，亲身去体验这些节日中最具特色的东西，肯定受益匪浅。

通过课堂引导学生不断汲取民族文化艺术营养，同时积极引导他们在民族艺术创作中注入新时代的元素，使创作出来的艺术作品既有民族特色的古朴美感，又闪烁着时代的气息，既包含了民族手工艺术，又蕴藏着深厚的文化内涵，使民族文化在现代社会中得以发扬和继承，在发扬中不断创新。同时使学生在积极的情感体验中提高想象力和创造力，实现工艺美术课程与学生生活紧密联系的新课程理念。在此过程中如何正确引导并加以合理利用，是工艺美术老师需要不断探索和努力的方向。

（三）第二课堂与社团

为实现中国由制造大国向制造强国以及中国制造向中国智造的华丽转变，需要培

养大批有技术、有德行、有创新的中国工匠。柳州市第二职业技术学校作为立足区域、服务柳州市的少数民族地区技能人才培养的摇篮具有义不容辞的责任和不可推卸的历史使命。为此，柳州市第二职业技术学校依托推出的大师入课堂、组建学生社团、深入学生第二课堂活动，在培养学生"工匠精神"方面进行了探索。

"工匠精神"，英文是 Craftsman's spirit，是一种职业精神，它是职业道德、职业能力、职业品质的体现，是从业者的一种职业价值取向和行为表现。"工匠精神"的基本内涵包括敬业、精益、专注、创新等方面的内容。（摘自《论"工匠精神"》，中国文明网，2017-05-24，http://www.wenming.cn/ll_pd/ddjs/201705/t20170524_4259874.shtml）利用丰富多彩的第二课堂活动，依托专业资源，组建民族紫荆花刺绣社团，可以给学生提供练习技能、拓展知识的平台。第二课堂活动可以作为提升学生专业技能和职业素养个性化培育的重要手段。结合"侗寨·五娘"国际时装周服装展示项目，柳州市第二职业技术学校通过大师工作室开放制度、传承人进校园、大师入课堂等措施，丰富学生第二课堂活动。

柳州市第二职业技术学校历来重视学生民族技能的培养，近几年通过举办各种工艺美术作品比赛、传统运动项目比赛，参与国际时装周服饰展示等多个特色活动项目，为学生搭建了展示民族技艺的平台。通过各种民族技能活动比赛项目，同学们能够更具体直观地理解民族技艺传承创新的重要意义，深刻体会民族"工匠精神"，加深民族认同感，承担起民族技艺传承的责任。

2019年以来，柳州市第二职业技术学校的师生先后参加了"百花杯"中国工艺美术精品奖、全国"金凤凰"工艺美术展、2019年国际时装周服装展示、2020年国际时装周服装展示等，获得多个大奖，得到业内人士的专业认可。

结合前期培养经验，学校艺术设计系通过组建民族紫荆花刺绣社团，指导和培养学生参与第二课堂的相关活动，以丰富的活动形式选拔一批具有"工匠精神"、有技能、有兴趣的优秀参赛选手，代表学校参加各种工艺美术大赛和民族技能比赛并取得优异成绩。通过社团第二课堂实施，形成一种人才培养模式，提升学生职业能力和职业素养，提高专业实训室使用率，提升学生的专业认同感和荣誉感。通过将"工匠精神"融入学生第二课堂的探索与实践，有助于培养一批具有"工匠精神"的一线民族专业技能人才。

经过前期在全校范围内的宣传和准备，由班主任推荐、学生自荐，通过社团组织的多次技能测试，最后由学生和社团双向选择，吸纳有兴趣、有一定基础的学生参与民族紫荆花社团第二课堂。学生通过集体讨论，自主制定社团章程和活动计划。同时根据活动计划，采用预约方式开放侗族刺绣工作室，通过集训项目总体提升学生的刺绣技能。

比如，开展侗族剪纸技能"比武"、侗族刺绣理论知识竞赛、侗族图案绘制竞赛等活动。针对侗族刺绣技巧，有穿针速度比赛、分线、色彩搭配、图案定位粘贴、侗绣技法等各种项目活动。学生第二课堂同时积极开展丰富多彩的活动，丰富学生的业余生活。比如，通过拍摄和分享的抖音大赛，让学生积极用手机记录刺绣作品过程，分享愉悦的学习过程，激发学生的兴趣和专业认同感。学生带着自己亲手设计制作的侗绣产品参加柳州市电视台举办的民族网红扶贫直播项目，助力乡村扶贫。多种活动让学生认识古老的侗绣，喜欢侗绣。

柳州市第二职业技术学校贯彻"立足民族技艺发展、服务柳州市"的精神，探索实施第二课堂活动，使"工匠精神"进课堂、进教材、进社团，努力培养"品行、匠心、精工"的民族技能人才，取得了良好效果。

第二课堂优化育人环境。没有教不好的学生，因人施教，因材施教，积极寻找学生的优点，开创第二课堂实践环境，激发学生对民族专业技能的兴趣，提升专业育人环境。学生根据学习的需要和个人兴趣，预约进入相关的民族技能工作室进行民族技能研习。工作室开放期间配有专业技术教师对学生进行刺绣技艺指导，确保开放期间学生的安全，并帮助学生养成执行规范、钻研细节的工作习惯。通过开放刺绣工作室，为学生提供了学习、提升侗绣刺绣技能的空间。从近几年工作室开放使用成果来看，工作室的开放对提高学生的动手能力、规范意识、安全意识具有明显的作用。经过培训的学生也备受用人单位青睐。

第二课堂提升育人水平。行之有效的第二课堂，能和第一课堂形成良好互补。在"工匠精神"培育过程中，通过开展丰富多彩的社团活动，柳州市第二职业技术学校的学风和班风得到显著改善。同时学生自主学习的积极性空前高涨，那些深入工作室的学生在各类比赛中均表现优秀，获得柳州市技能大赛一、二等奖和国家级职业技能大赛二、三等奖的佳绩。

（四）社会实践

"侗寨·五娘"项目以民族文化人才培养为目标，提高人才培养质量，提升服务能力，助力广西文化事业与文化产业发展，彰显办学优势与特色，充分发挥职业教育在文化育人和文化传承创新中的基础作用。柳州市第二职业技术学校在全方位推动民族文化融入学校教育全过程中，通过培养学生的民族文化技艺、民族文化素养，将社会实践纳入育人的重要环节中，提升了学校服务区域文化事业、文化产业发展的能力，发挥了职业教育在文化传承创新中的基础作用，促进了就业，提高了就业质量。

2019年国务院出台的《国家职业教育改革实施方案》提出，"深化产教融合、校企合作，育训结合，健全多元化办学格局""促进产教融合校企'双元'育人"。学校结合本地区行业特色和专业特长，形成多层次并举的社会实践模式。校企社会实践中心、社区服务实践、创意产业集市实践、扶贫实践等多模式、多形态共同发展，加快民族文化与社会实践紧密结合，使柳州市第二职业技术学校社会实践紧密联系当地产业，促进特色育人发展。

在校企社会实践中心建设方面，柳州市第二职业技术学校联合柳州市艺匠服饰有限公司、三江县侗寨五娘文化发展有限公司，共建产教融合产业实践中心基地，参与社会实践师生已达2000多人次。

在其他社会实践方面，柳州市第二职业技术学校根据自身民族刺绣、民族服饰、工艺品制作、表演等专业特长，积极参与政府部门组织的各类文化展演、宣传、市集等社会实践活动。通过这些活动树立了学校民族文化特色教育的良好形象，成为柳州市宣传民族文化、传承民族技艺的一个优秀案例。

2020年柳州市第二职业技术学校积极响应脱贫攻坚全面实现小康的政策，发挥专业群资源优势，开展"广西民族刺绣"扶贫项目培训，助力乡村文化和产业发展。同时结合民族产业发展，通过教师带领学生参与各级部门组织的民族技艺普及培训等各类社会实践项目，为社会培养了一批又一批对非遗技艺感兴趣的普通民众。带领学生开展创新创业实践活动，自主研发服装、文创、旅游等新产品、新技术，让学生参与到用民族文化技艺创新创业的社会实践中。

社会实践育人模式不但加强了学生的能力培养，对于非遗文化的推广和传播也起到了积极的推动作用。近几年柳州市第二职业技术学校充分调集校内外资源，支持技

能大师带领师生团队创作"侗寨·五娘"服饰及歌舞秀展演节目，从中国－东盟博览会到新西兰、澳大利亚的展演，再到意大利和法国的国际文化交流，"侗寨·五娘"文化唱响国内外，学校技能大师一步步走向国际舞台，拓宽了发展空间，柳州市第二职业技术学校也成为广西壮族自治区内第一所将侗族文化技艺整体设计包装送出国门的中职学校。

借助主题鲜明的校内外侗族非遗技艺的文化交流和展示活动，调动学生积极参与的主动性，提高学生对侗族文化的认同感；通过组织学生参加丰富多彩的非遗传承活动，展现了本民族的文化风采，提升了学生的民族自豪感，发挥了侗族非遗德育功能，使学生将优秀的侗族文化内化于心、外化于行。

搭建了"侗寨·五娘"非遗校内教研平台和校外产商平台，构建形成了一个政、校、企、行多方参与的侗族非遗文化实践共同体，以"非遗＋时尚""技艺＋文化""项目＋成果"为导向，将优秀侗族文化融入社会实践当中。在今后的规划发展中，学校将继续扩大、发展这个实践共同体，将更多优秀的非遗文化和技艺推广到社会中。

（五）学生管理

在长期的教育实践中，柳州市第二职业技术学校强烈意识到学校不仅要为学生提供专业知识教育，而且有责任培养学生对艺术和生活的热爱。从一定程度上来说，文学和艺术对学生潜移默化的影响是与生俱来的。遵循这一指导思想，学校采用特有的方式有意识地引导学生去体验，并在此过程中逐步形成对非遗的"文化意识"。

久而久之，学生就会对民族文化产生认同感，继而真正传承民族文化。柳州市第二职业技术学校建设有民族风情园、民族服饰体验馆、非遗学堂、农民画画坊等民族非遗文化教育阵地；组建了侗美合唱团、芦笙队、民族体育竞技队等富有民族特色的社团组织；课余时间，校园随处可见师生一起学习侗绣、跳芦笙踩堂舞、唱侗歌、画农民画、玩背篓绣球等画面。各民族师生在这里一起感受民族文化，培养民族感情，学习民族技艺，民族文化因此得以交融、传承、创新和发展。

第四章 "侗寨·五娘"的育人模式

从 2012 年开始，柳州市第二职业技术学校依托地方资源和专业优势，将柳州市三江侗族自治县各种非遗文化传承项目与学校专业建设相结合，以侗族非遗文化项目——侗族刺绣、侗族大歌、侗族农民画、侗族打油茶、侗族百家宴为核心内容，多专业联动，逐渐形成了"123＋N"现代传承模式。

第一节 "123＋N"模式的内涵

柳州市第二职业技术学校以基地建设为依托，以侗族服饰制作工艺、侗族刺绣、侗族大歌等技艺为载体，联合政府、行业、企业和非遗传承人，系统梳理非遗项目发展文脉，结合自身专业设置情况和特点，多专业联动，从基础设施建设、非遗传承课程设置、师资队伍建设、校本教材开发、展演展示及校园非遗专题展示馆建设等 10 个方面明确建设思路和目标，突出侗族服饰文化的传承与创新，凝练出"123＋N"民族文化传承创新职业教育现代人才培养模式。

"123＋N"模式，指 1 颗内核、2 个平台、3 级层次、N 个专业协同共进，其具体内涵如下。

1 颗内核：以三江侗族文化为内核。

2 个平台：校内教研平台和校外产商平台。

3 级层次：大师工作室主导引领＋教师工作室甄别提升＋学生创客空间慎思明辨。

N 个专业：服装设计与工艺、工艺美术、美术设计与制作、学前教育、社会文化艺术、休闲体育等 N 个专业。

学校的"123＋N"模式将传统课程融入工作室教学课程，在传承与创新侗族文化的过程中，使教研成果达到"作品化、产品化、商品化"，实现"一生一手艺"的培养目标。

第二节 "123 + N"模式的运行

一、中职学校"侗寨·五娘"非遗技艺传承的理论与实践探索

（一）侗族大歌的音乐传承

侗族大歌以其优雅的曲艺魅力征服了世界，但受经济、文化等因素的影响，在侗族地区会唱侗族大歌的年轻人不多，许多老歌手已经谢世，传歌面临断层的危机，因此将侗族大歌的曲艺文化引入教育当中，是教育为侗族大歌及侗族文化传承应作出的贡献。

1. 侗族大歌亟须传承

侗族大歌是流行在广西壮族自治区三江侗族自治县和贵州省黔东南苗族侗族自治州黎平县、从江县、榕江县等侗族聚居区的传统音乐，中国国家级非物质文化遗产之一，人类非物质文化遗产之一。2006 年，由广西壮族自治区柳州市、三江侗族自治县和贵州省黎平县申报的侗族大歌被列入第一批国家级非物质文化遗产代表性项目名录。2009 年，侗族大歌被联合国教科文组织列入人类非物质文化遗产代表作名录。

侗族大歌历史久远，起源于春秋战国时期；至宋代，侗族大歌已经发展到了比较成熟的阶段；至明代，侗族大歌已经在侗族部分地区盛行了。侗族大歌的音律结构、演唱技艺、演唱方式和演唱场合与一般民间歌曲不同，它采用的是多声部、无指挥、无伴奏、自然合声的民间合唱形式，结构严密，曲调优美，歌词押韵，多采用比兴手法，意蕴深刻。

侗族大歌不仅仅是一种音乐艺术，而且是侗族社会结构、婚恋关系、文化传承和精神生活的重要组成部分。侗族大歌的发展与侗族人民鼓楼的居住形式、好客的风俗习惯以及侗族语言密不可分，它是对侗族历史的真实记录，对于侗族人民文化交流和情感交流起着非常重要的作用，是侗族文化的直接体现。

多年来，三江侗族自治县积极采取措施保护侗族大歌，县内有 2 名侗族大歌第二批国家级非物质文化遗产代表性项目传承人——吴光祖（编号：02-0254）、覃奶号（编

号：02-0255）；2018 年 3 月 17 日，在古宜镇多耶广场举行了三江侗族自治县第三届侗族大歌比赛，有 35 支歌队近千人大展歌喉；2018 年 11 月 1 日，由柳州市群众艺术馆和三江侗族自治县文化馆联合举办的第 49、50 期侗族大歌免费培训班在三江侗族自治县民族初级中学举行结业汇报演出，在校学生们参与演唱侗族大歌；2019 年 11 月，《文化和旅游部办公厅关于公布国家级非物质文化遗产代表性项目保护单位名单的通知》发布，柳州市群众艺术馆和三江侗族自治县非物质文化遗产保护与发展中心获得侗族大歌项目保护单位资格。

尽管如此，随着改革开放和市场经济的不断发展，侗族大歌正面临着失传的危险，保护和传承侗族大歌对侗族地区的文化建设和构建和谐社会能产生重要的推动作用。因此，对侗族大歌进行保护和传承是十分重要和必要的。

2. 开发侗族音乐课程资源，宣传基础教育

根据当下新基础教育的改革要求，在基础教育当中应用侗族的音乐课程资源，大力提高学校对民族文化的重视程度，构建创新型的艺术教学。传承的培养主要从当代教育做起，将民族文化的意义传输给接受教育的学生，从而实现民族文化核心发展的意义。在课程引入方面，需要以民族文化为主要切入点。民族文化主要形成对侗族大歌的审美意识，因此，开发民族资源是开发侗族大歌教育的重要途径。在资源方面，我国相关地区的政府部门要加大投资建设管理，通过加大重视程度实现侗族大歌的有效传承。

首先，需要师资培训经验的积累。侗族大歌的民间传承地大多处于边远地区，受经济发展影响，当地师资较为匮乏，有关部门需予以重视。通过引进专业教师对地区教师进行专业课程的培训与指导，从而加强教师的专业能力。侗族音乐本身具有一定的民族文化特质，通过融合当地的民族文化能够更好地进行乐理的理解，也能够加深对于侗族大歌的民族情感。

其次，需要乐论的准备。随着侗族大歌影响力的逐渐加深，我国越来越多的专家学者开始将个人的专业论著与侗族大歌的民族文化传承相关联，此种社会现象的出现为侗族大歌今后的传承教育提供了硬性资源。综上所述，侗族大歌的传承与发展在当代社会发展中既存在较好的发展机遇，又存在较大的挑战。我们应抓住机遇、面对挑战，通过提升侗族大歌的影响力来培养当代学生对于民族文化的情感，从而为侗族大歌的传承作出贡献。我们需要根据当代学者对于侗族大歌的理解进行课程编排，加强侗族大歌在民间的发展力，通过将侗族地区特有的侗族大歌搬入课堂，实现理论与实践探索的双向结合，从而提高侗族大歌在民族音乐理论当中的影响力，并促进侗族大歌的有效传承。

侗族大歌在独特的民族生活习性当中，透过大自然，透过群体生活的民族习惯，能够完美地体现侗族人民对于音乐的审美意识，但随着现代化建设的加快，侗族大歌的传承发展遭遇了一系列挑战。在当下发展过程中，我们应当将教育与艺术文化相结合，通过在教育中引进民族文化，引进侗族大歌，使学生能够体会我国深层次的传统民族文化，并且当代学者对于侗族大歌的理解及其专著能够为学生提供必要的理论支持，使学生能更加详细、透彻地了解侗族大歌所展现的民族风采。我国传统民族文化是我国历史的结晶，我们不仅要对其进行保护，还要担当起传承的责任。

（二）农民画在中职学前教育专业美术教学中的应用研究

自 20 世纪 50 年代以来，农民画随着城镇建设的发展已经逐渐有了较为稳定且创新的风格，但归根究底，农民画是中国近代文艺大众化的产物，其素材皆来源于地方上的传统文化和艺术，而质朴的绘画心态也展现了农民画作者群体对生活的热爱，透射着时代美、地区美、社会美。在中职学前教育专业中融入农民画教学，可以有效地推广和传承中国传统民俗艺术。

1. 农民画的相关概念及发展趋势

农民画是在 20 世纪 50 年代这一特殊的时代背景下，由下乡知青和被专业美术人士辅导过的农民对农村生活以及传统民俗艺术进行创作的绘画作品，是一个时代的缩影，更是一种社会化产物，体现了在那个时代下城镇建设进程中的变迁与革新。随着改革开放的深入和社会的巨大变化，农民画发展至今，逐渐陷入了后继无人等困境。若要保证农民画创作朝着更健康、稳定、和谐的方向发展，那么将农民画运用到中职学前教育专业的美术教学中将具有重要意义。

在时代变迁中，农民画面临着诸如城镇化加快以致农村逐渐衰落、地方传统文化逐渐缺失、商业化严重等问题，但是其深层次原因依然是农民画的创作理念等与时代脱轨，所以现在农民画只有朝着结合现代创新、突出城镇建设时代的民众生活、协调市场等方向前进，才能在保持传统民俗朴实风格的同时，较好地发展。

2. 农民画在学前教育专业的前景

教育是民族振兴、社会进步的基石，学校是每一代人文化沟通的桥梁，同时也是优秀民间文化的传承主场。学前教育是人们学习生涯的开端。在美术教育方面，将学前教育专业与民间优秀文化进行结合，能有效地培养学生对我国民间文化的兴趣。农民画对历史的还原较为真实，可以帮助学生熟知我国传统文化，培养情感认同。

3. 农民画在学前教育专业的教学实践措施

学校要认识到学前教育专业的美术教育以及农民画教学的重要性，保证美术课程的资源充足，避免重理论轻实践、重智育轻美育的情况。在美术课程的设置中，要求适当增加教学时间，使学生可以更好地进行构思和刻画，这对技能的训练也有很大的帮助。学校可以开设投稿处，对学生的美术作品进行筛选和评优，另外每周都刊登社会上优秀的农民画作品及其创作理念来开阔学生的眼界和思路。最后则是运用信息化教学，充分利用大数据时代的特点，使用多媒体教学方式进行农民画教学，增强课堂的视觉功效。

结合实际进行农民画教学。农民画是时代的产物，在教学中要紧扣主流文化。在教学风格上，老师要让学生释放个性，在农民画的形式上添加更多的现代社会元素，做到"老树新花"；在实际教学中，老师要根据地域性和时代性，做到针对性教学，使学生融合更多的地域特点和时代特征，做到创新。

在教学模式上，增加实践模拟权重。一味地进行理论教学，不仅会磨灭学生的创新意识，更容易导致学生将对生搬硬套教学模式的厌恶情绪转移到对农民画的学习甚至美术教育学习中去，所以应在进行了一定程度的理论教育之后指导学生进行实践。学校和老师可以联系当地乡镇政府，让学生在乡镇政府的文化馆中参观或者直接去体验民俗风情，并要求学生根据当地乡镇的历史发展以及生活现状绘出一幅农民画，这样不仅能够有效地锻炼学生的实践能力，还可以加强学生对历史的思考。

在教学过程中渗透农民画文化，在宣传栏中设置农民画栏，让学生在比较贴近民间艺术的氛围中进行学习，鼓励学生对这些画作提出意见和反思。组织学生对喜爱的画作进行临摹，通过实际操作的方式，让学生对画作的风格、表现手法等进行理解，直接触碰到创作者的生活状态和创作理念。组织学生进行假期实习，使其身临其境，在真实的农村生活状态中捕捉创作灵感，并对当地的农民画创作者进行采访，了解他们的真实需求与向往。

农民画进入学前教育专业的教学中将有利于中国民俗文化的传承。在中职学前教育专业中开展农民画教学，让学生进入农民画创作的生活状态，充分体会时代美感和农民画创作者群体的热情，展现民族思维和民间艺术，这对学前教育专业学生未来的幼儿教育事业也会有很大帮助。

（三）民族地区中职茶艺课的教学探究

为进一步挖掘民族地区丰富的民族元素资源，打造一批具有民族特色的优质职业教育专业，柳州市第二职业技术学校大力推进民族地区茶艺文化专业建设。近年来茶文化被越来越多的人所欣赏和喜爱，发展势头较为强劲，但是茶艺专业作为学校的传统专业，面临教学内容单薄、教学设计单调、学生学习积极性不高等问题，这成为阻碍该专业进一步突破发展的瓶颈。如何将茶艺专业与素有"中国早春第一茶"美誉的三江侗族自治县茶叶产区有机结合起来成为茶艺专业建设过程中亟待解决的问题。

1. 茶产区资源优势

三江侗族自治县位于广西北部，隶属柳州市，有着悠久的种茶和饮茶历史。据考，三江茶在唐代已有生产，人工栽培茶树已有 1000 多年历史。三江侗族自治县本地茶叶品种"牙己茶""高露茶"在 20 世纪 50 年代就已经列入广西优质茶叶种植资源。当前，全县茶园种植面积达 18.8 万亩（1 亩 ≈ 666.67 平方米），干茶产量 1.5 万吨，是广西第一茶叶大县、广西无公害茶叶生产示范县、中国十大生态产茶县、全国重点产茶县和中国油茶之乡。三江茶叶产业已成为全县覆盖面最广的农产业，几乎村村涉茶。

2. 区位优势和生源优势

柳州市第二职业技术学校位于柳州市，距离三江侗族自治县 192 千米，高速公路、高铁的开通为学校教师、学生往返两地采风、交流学习提供了极大的便利。西南地区有着丰富的茶叶园区，是国内主要的产茶区，有利于教师和学生开展茶艺研究和教学实践。

2017 年以来，柳州市第二职业技术学校每年招生人数均超过 3000 人，其中约 95% 为广西生源，约 35% 来自三江侗族自治县及周边融安县和融水苗族自治县，这些学生有着浓厚的民族地域情结，对学习和宣传本地茶文化具有极大的主动性。

3. 茶艺教学目前面临的问题

（1）茶文化氛围亟待提高。

俗话说，"开门七件事，柴米油盐酱醋茶""琴棋书画诗酒茶"。茶可以大俗，也可以大雅，它是一种能从物质功能层面上升到精神文化层面的饮品。目前，柳州市第二职业技术学校设有茶艺实训室，主要侧重于对学生泡茶技艺的教学，其涉及的茶史、插花、挂画、茶诗、茶联、悟道等折射文化内涵的内容较少，与当地三江侗族自治县的茶学民俗文化结合也仅仅是为数不多的打油茶表演，茶室文化布置、茶文化长廊建设、三江侗族茶俗文化体现等外延表现方式尚待开发。茶文化氛围的弱化，很容易引导学生将茶艺理解为简单的"泡茶"，而不能深层次理解茶艺甚至茶具等所包含的茶文化内涵，茶艺美、仪表美和心灵美也无法达到契合统一的效果，这将使学习该门课程的价值大大降低。

（2）师资队伍建设有待加强。

当前，茶艺课程教师的教育背景和专业各不相同，很多教师只是经过相关短期培训，没有进行过茶文化学、中华茶艺、茶席设计等系统化培训。通常情况下，教师只能选择自己所擅长的领域进行教授，理论部分更多的是根据教材进行讲授，实操部分则主要是讲授要点和注意事项。教授茶艺的教师应该具备更为全面的茶学和茶文化知识，并能运用当地有关茶学方面的资源，如将三江侗族自治县有关茶学方面的茶文化小故事、打油茶、采茶、制茶等内容融入教学当中，这样更能引起来自侗族地区学生的共鸣，达到最佳教学效果。

（3）茶艺教学方法有待创新。

因条件受限及其他相关原因，茶艺教学方式、手段往往缺乏创新。例如，柳州市第二职业技术学校的茶艺课程一般采用讲授法和多媒体教学，理论部分教学一般以讲授茶艺知识为主，实训教学环节则机械重复茶艺冲泡流程，冗长乏味的理论知识和重复枯燥的实践环节，难以激发学生的学习兴趣，体味中国茶艺之美。另外，茶艺教学是一门实践性极强的课程，它与实习实践的脱节，让学生学到的茶艺知识和技能都只

能浮于表面，时间稍长就会遗忘，也根本无法唤起学生泡一杯茶和饮用一杯茶的兴趣。

4. 民族地区中职茶艺课的教学策略探究

（1）营造校园茶文化氛围。

在茶艺教学中，茶文化作为茶艺的灵魂，它的熏陶作用尤为关键。学校加强茶文化硬件设施建设，以三江侗族自治县茶文化资源为依托，建成"一廊""二厅""三体验区"。"一廊"为茶文化体验长廊，主要悬挂体现三江侗族自治县民族地区茶文化的挂画和茶文化民族故事等；"二厅"为茶文化展厅和茶器具展厅，主要展示三江侗族自治县独具特色的茶器具，如用来打油茶的木盘竹滤、炊具，圆形茶饼以及其他具有侗族特色的茶席布置等；"三体验区"为手工制茶体验区、茶艺互动体验区、打油茶体验区等，学生通过视觉感知和实操体验，深刻感受浓厚的茶文化氛围。

（2）加强师资队伍建设。

"纸上得来终觉浅"，柳州市第二职业技术学校与三江侗族自治县相关企业和茶园达成合作，定期派老师到企业和茶园实践锻炼，同时聘请行业企业专家为特聘指导老师，到学校创建大师工作室和手工制茶区，并将三江侗族自治县茶文化项目如侗族打油茶等融入人才培养方案和课程体系，加大校本教材编写力度，构建理论与实践一体化的课堂教学模式，促使茶艺教师团队的教学水平实现质的跨越。

（3）课堂教学与社团培训双管齐下。

创新课堂教学模式和教学评价模式，通过组织学生到三江侗族自治县茶产业基地实地采茶、制茶，鼓励学生走进茶馆，激发学生的学习兴趣；采用茶艺表演、茶席设计等小组竞赛模式，以赛代考，提高学生学习的主动性，同时也有助于培养学生团结协助的合作精神；学校组建茶艺社团，下设名人与茶小组、吟诗诵词小组、茶具鉴赏小组、茶叶溯源小组、茶艺表演小组等，定期开展富有民族地区风情的茶艺表演、茶艺互动体验，既能发挥学生的主观能动性，又给学生提供了一个展示自我、锻炼自我的平台，在促进学生职业素养和创新创业教育提升的同时，逐渐形成学校特有品牌。

（4）充分利用民族地区实践教育资源。

茶艺课程是一门实践性极强的课程。教育学家夸美纽斯在《大教学论》中提到"一切知识都以感官开始"的观点。以三江侗族自治县丰富的茶资源为载体，柳州市第二职业技术学校茶艺教学加强课内外相结合，以构建家庭—学校两位一体的学习茶文化的良好氛围为导向，最大限度地将当地茶艺的背景文化、茶艺表现方式及器具使用规范进行资源采集，实现当地茶艺资源与学校教育资源深度融合发展，实现教师与学生的双重主体创造性。

首先，充分利用三江侗族自治县茶资源丰富、民族风情多姿多彩、自然风景独特、人文景观别具一格的资源优势，鼓励学生把当地的民族文化、饮食习惯和民间文化艺术表演等与茶文化结合，排练茶歌、茶舞、茶道表演等，并借助"二月二侗族大歌节""侗族多耶节""三月三花炮节"等与茶文化有关的大型活动，以茶会友、以茶传情。其次，鼓励学生了解各类茶叶的历史、形成、制作、品质，以及与其相关的茶文化、名人、民间传说、营养价值和保健养身、菜肴、贮藏等知识，激发他们对当地深厚茶文化的认识，以亲身体验来更好地掌握操作技能、深化理论知识。最后，鼓励学生创办一本集文学作品、随记、游记、文化纪事、文人轶事等内容于一体的刊物，建立茶文化宣传平台，设计精美的侗族茶文化包装，促进心灵沟通，打造柳州市第二职业技术学校独有的民族茶文化品牌。

茶为"国饮"，是中华文化优秀基因的浓缩，是世界解读中华文化的密码，中职学校肩负着为当地茶产业转型和发展提供人才支撑和技术支持的使命。柳州市第二职业技术学校通过产地—学校茶文化的熏陶和人文素养的提升，以及民族茶文化实践，激发民族地区学生学习茶文化的浓厚兴趣，培育校园内良好的茶文化氛围，搭建课堂教学与现场实践教学相结合的茶文化育人平台，培养一批"熟悉茶文化、掌握茶艺技能"的专业技能型人才，为加快茶文化的快速传播和助力民族地区的脱贫提供支撑。

二、民族地区职业院校非遗传承育人的策略探究

职业院校在探索非遗传承教育时，不但要构建相关课程体系，还要改变封闭的文本教学模式，尽可能多地再现非遗中的民族文化，注重"传授"这个过程，抓住"活态"传承的主体，提高学生的参与感。基于此，作为民族地区职业院校，柳州市第二职业技术学校利用本土文化资源探索非遗教育。

（一）非遗类的课程建设

2012 年，柳州市第二职业技术学校基于柳州市委市政府打造"四大名城"发展规划，组织专业教师深入柳州少数民族聚居地调研，将濒临失传的自治区级非物质文化

遗产的侗族刺绣技艺引入校园。自2014年开始，学校每年组织教师持续挖掘侗族文化，对侗族的歌、画、茶、饮食等方面的非遗技艺进行分类归纳和体系化教学设计，将侗族大歌、侗族农民画、侗族打油茶、侗族百家宴等非遗项目整体引入课堂。

为此，柳州市第二职业技术学校开设了"广西民族服饰品设计与制作""民族服装工艺制作"等民族文化教育相关课程；特聘非遗传承人、对民族文化有深入研究的专职教师系统授课，并将学习考核列入期末考试科目中，以有效检验教学成效；把中职学生学习优秀民族文化落到实处，建立"学、考、评"长效机制。

（二）非遗类的传承人才建设

学校非遗教育的开展，需要有一支有力推动非遗项目传承与发展的师资队伍。柳州市第二职业技术学校联合教育局、人力资源和社会保障局、文化旅游广电局、非遗传承文化公司等多方资源打造了一支德艺兼备的侗族文化技艺"双师型"教师队伍，为培养高素质的民族文化技艺专业人才提供了保障。由此形成了一个"三级"校园传承人队伍，即非遗传承人＋校内教师（校级技能大师、专业骨干教师）＋专业学生，通过非遗传承人梯队建设，丰富侗族非遗传承人队伍的构成和内涵，提升侗族文化传承与创新的效果和质量。

学校不仅仅为学生提供专业知识教育，而且有责任培养学生对艺术和生活的热爱。非遗技艺课程教育强化了学生对侗族优秀文化的认知感，借助主题鲜明的校内外侗族非遗技艺的文化交流和展示活动，调动学生的积极性，提高学生对侗族文化的认同感。通过丰富多彩的非遗传承活动，展现侗族绚丽多姿的文化风采，极大地提升了学生的自豪感，使学生将优秀的侗族文化内化于心、外化于行。

（三）非遗类的科研建设

柳州市第二职业技术学校对民族非遗教育进行了前瞻性、全局性、观念性的顶层设计，科学组织架构，成立学校民族教育非遗研究中心，配置专门人员，实施项目调研开发，实现常态化运行管理，有效推进民族文化教育教学改革发展研究，深化教学成果培育。柳州市第二职业技术学校借助民族非遗教育成果影响力，顺势搭建中职学校民族文化创新联盟，组织广西、贵州、海南等一批有非遗项目研究基础的学校参与到民族非遗传承教育当中。

柳州市第二职业技术学校持续立项开展民族职业教育相关课题研究，通过"广西少数民族服饰制作"品牌课程建设、广西民族文化融入中职工艺美术专业课程体系的实践研究、"侗寨·五娘"非遗"123＋N"现代传承育人模式的实践与创新等项目的研究，总结提炼出有效的育人模式，取得一系列教育教学成果。

（四）非遗类的社会教育

当前非遗传承教育的主要问题是，民族文化传承创新工作获得的资源支撑力不足，民众尚未对非物质文化遗产形成自觉了解和基本认识。要达成学生以及广大民众对民族文化的认同，必须开展传统与现代的"对话"，实现创新性转化。柳州市第二职业技术学校就这些问题组织开展了一系列的民族文化教改课题研究和民族文化传承创新职业教育基地建设工作，打造形成了独具特色的"侗寨·五娘"民族文化品牌，建设了校内外两个研、学、产、商推广平台。

融合了政、校、企、行多方参与的侗族非遗文化实践共同体，以"非遗＋时尚""技艺＋文化""项目＋项目"为导向，将优秀侗族文化融入艺术创作、社会实践等环节之中。学校通过面向中小学开展"送课进校"活动，面向企业、社区开展非遗技能项目培训，面向社会提供文创产品展示表演等服务，因地制宜、因势利导发挥非遗的社会教育功能。

三、信息化背景下中职学校非物质文化遗产传承教育的创新路径

（一）构建新型非物质文化教育体系

首先要设计非物质文化遗产相关课程，在课程开发过程中要注重渗入其文化精神、思想内涵，满足学生对于非遗文化传承实践能力的需求，使课程内容更加丰富、涵盖范围广，激发学生对非遗文化的兴趣以及认同感。其次要充分利用学校现有资源，编写非遗文化专业教材，使教学内容更加丰富，并将非遗文化实践技能搬入课堂，使学生能够同时获取专业知识和专业技能。最后，转变教师的授课手段。在新时代的课堂中，传统授课手段已经不能满足学生的学习需求，无法吸引学生的学习兴趣，尤其是在非物质文化遗产知识的讲授中，灌输式教学可能会引起学生的反感情绪，很难将知识有效传授给学生。所以，教师要充分利用当前先进的信息技术改进教学方式，如教师可以采用微课形式展示非物质文化遗产，给学生一种新鲜感，吸引学生的注意力，改善

教育效果；学校可以创设学习社区、资源共享平台等数据平台和资源库，使学生可以自主在网上学习，培养学生学习的主动性。

（二）培养信息化教师队伍

据有关调查显示，在当前的多数中职学校中缺乏具有专业非遗文化背景的教师。为了解决这一问题，给学生提供更专业的师资力量，中职学校需要聘请非遗传承人，或者为教师提供非遗文化培训机会，让教师习得更多的专业文化知识，打造中职学校专业的非遗文化师资队伍。除此之外，随着课程信息化的改变，教师除了要具有专业素养，还要充分掌握信息技术，为课程教学手段的信息化转变奠定基础，学校可以组织教师进行信息技术培训、进修等，使教师的信息化教学技能提升；另外，学校还可以邀请非物质文化遗产传承人通过远程视频讲座、教学，丰富老师和学生在非物质文化遗产方面的知识并加深师生对非物质文化遗产的理解。

（三）利用信息化技术将校园文化和非物质文化教育相结合

中职学校一般都具有自身独特的校园文化，而这些校园文化的产生多是以中华传统优秀文化为基础的。在中职学校中开展非物质文化遗产教育，举办非物质文化遗产知识讲座，可以加深学生对传统文化和校园文化的理解。利用互联网的优势，促进学生举办数字化非物质文化遗产知识竞赛活动，组织观看非物质文化遗产相关影片等，不仅可以吸引学生的注意力，使学生产生学习兴趣，还能将传统优秀文化与校园文化相结合，创新传统文化教育理念，促进校园文化建设。

第三节 "123 + N"模式的评价

一、创新观点

随着历史的变迁、社会的发展及现代文化的渗透，非物质文化遗产的传承受到多方面的挑战和冲击。一方面，非遗传承面临断代的困境。不少传承人年龄已高，传统艺人不断减少，且后继乏人，众多非物质文化遗产面临失传的危险。另一方面，非遗传承机制不完善。非遗传承缺乏应有的制度保障、资源和高质量建设传承载体。柳州市第二职业技术学校通过相关课题的研究，总结出的"侗寨·五娘"非遗"123＋N"现代传承育人模式，为解决非遗传承的困境提供了创新路径。

创新点1：转变了侗族非遗文化的传承方式和传承形态。

传统的侗族非遗传承模式是以口传手授的方式代代相传的，没有文字描述，知识和技艺碎片化，一旦没有传承人就会失传。为改变现状，柳州市第二职业技术学校派团队到侗族聚居的地区采风、调研、学习，收集各类侗族服饰及手工艺品、歌舞作品和民俗风情进行总结归纳，分析其文化内涵、技艺表现形式和艺术规律，将其文字化、体系化和课程化，形成了侗族非遗系列教材，扩大了受众范围，做到人人可传承、时时可创新，变封闭式传承为开放式传承，变博物馆式的静态保护为学校教学活动式的活态传承。

创新点2：构建形成了校内侗族非遗文化传承场所和实践共同体。

柳州市第二职业技术学校精心打造了侗族服饰文化体验馆、"侗寨·五娘"文化研讨（展示）中心、侗族风情园等传承场所，让侗族非遗传承人、技艺大师、行业专家、专业教师和文创企业在这里教学和交流研讨，学生在这里学习和训练，师生作品在这里展示，它们成为侗族文化技艺培训、中外文化交流的平台和窗口，构建形成了一个政、校、企、行多方参与的侗族非遗文化实践共同体。

创新点3：发挥了侗族非遗文化德育功能，改变了学生的人生观、价值观。

柳州市第二职业技术学校招收的大批侗族学生在学校浓厚的侗族文化氛围中接受侗族文化教育，掌握侗族非遗文化技艺。通过参加市级、自治区级、国家级和世界级的创意集市、职教周、专业技能竞赛、时装周、文化周、中外交流联谊等各种活动，展现自己民族绚丽多姿的文化风采，使学生树立民族自尊心和自豪感，形成正确的人生观、价值观。在校认真学习先进技术和国际职业标准，或积极报读大学，或到国外求学，或到国内先进发达地区就业创业。

二、突破性进展

（1）柳州市第二职业技术学校打造了侗族绣娘大师工作室、侗族歌娘大师工作室、侗族画娘大师工作室、侗族茶娘大师工作室、侗族厨娘大师工作室、侗族民族文化基地、民族表演实践基地等实践教学场所，成立侗美合唱团、侗族农民画社团、侗族琵琶社团、

侗族芦笙社团等学生专业技能社团，形成了以各专业工作室为引领，专业学生学习应用侗族文化技艺的良好格局，为师生提供了侗族文化氛围浓郁的实践教学环境和条件。

（2）柳州市第二职业技术学校建设民族文化非遗传承和创新教育基地。2018年7月学校投入180万元完成"民族文化非遗传承教育基地一期"建设验收。该项目结合非遗民族文化传承和学前教育、艺术专业、旅游专业、工艺美术和服装专业的专业特点，把民族文化和技能培养等要素融入实训基地建设中，打造侗族实景表演实训基地，建设侗族鼓楼、寨门、阁楼等极具侗族特色的实训场地。

（3）在国家大力发扬民族文化、培养能传承创新民族文化的高技能人才的趋势下，餐饮业以及民族地区的幼儿园都需要有民族文化和技艺的人才。为拓宽学生的就业市场，柳州市第二职业技术学校教师团队把民族技艺与学校的专业教学相结合，不断传承创新，一方面提升学生专业技能和专业能力，另一方面来自三江侗族自治县的学生在就业上也有了更多的选择。例如，学校学前教育专业的学生毕业后选择回到自己的家乡，创立侗族文化幼儿园，成为这些留守儿童的守护者；旅游专业的三江毕业生在毕业后通过自己精湛的茶艺表演技艺和冲泡技术以及对三江茶叶的理解，在柳州知名茶馆工作，并通过自己的努力还获得了茶馆的股份。

（4）柳州市第二职业技术学校引进非遗大师，成立非遗传承工作室，组建"双导师"教学团队。学校相继邀请韦清花、郭朝阳、杨光春、梁卫华等非遗传承大师进入校园，同时学校选拔一批专业学科带头人，与非遗传承大师共同成立侗族绣娘工作室、侗族歌娘工作室、侗族画娘工作室、侗族茶娘工作室、侗族厨娘工作室，与非遗传承大师一起组建成"双导师"教学团队，共同设计专业嵌入式非遗课程，共同承担非遗项目化教学。

（5）柳州市第二职业技术学校修订人才培养方案，嵌入非遗项目化教学。首先修订传统的专业人才培养方案，在原有专业人才培养方案中增加非遗传承培养的项目，培养具有非遗技艺与创新意识的高素质专业人才。人才培养的教学安排为：一年级嵌入非遗文化普及性课程，由学校专业老师普及非遗基本知识，并定期聘请非遗大师开设非遗讲座，激发学生对非遗的认知兴趣；二年级按专业方向嵌入非遗特色课程，非遗大师每学期传授非遗技能24个课时，学校专业教师辅助结合和创新非遗技能。

（6）柳州市第二职业技术学校在各个工作室的引领下，非遗大师和专业教师将实践形成理论，以完成实际工作任务为目标，编写《侗族大歌》教材，运用乐理专业技能把教学过程中传承和创新的曲目记谱（100首）；论文《侗族非文化遗产传承实践与探索》发表于《新教育时代》，《论侗族大歌音乐传承》发表于《中国文艺家》，《侗族非物质文化遗产保护性旅游开发研究》发表于《神州》；课题"柳州市职业教育民族文化传承基地建设研究与实践——以民族文化非遗传承教育基地（侗族）为例"获市级立项。

（7）柳州市第二职业技术学校开发出了五门侗族文化特色课程分别为侗族大歌、侗族乐器、侗族服饰款式设计与制作、侗族图案基础和侗族图案应用，配套有相应的课程教材、数字化教学资源，除了在日常教学中使用之外，还可用于对外培训。

第五章 "侗寨·五娘"的育人成效

第一节 培养了非遗文化传承人

一、基本概括

2016年5月柳州市第二职业技术学校被自治区教育厅认定为第二批广西民族服饰文化传承创新职业教育基地。2018年学校被教育部认定为第二批全国中小学中华优秀文化艺术传承学校。通过校企共建集"技艺研究、产品开发、社会服务、展示交流"于一体,具有民族文化(非遗)特色的服装设计与工艺专业群,实现民族文化传承创新、非物质文化遗产保护、产业孵化等功能,服务区域经济发展。

柳州市第二职业技术学校在非遗传承人培养方面采取了系列培养、活态传承的方式,提升民族技艺自主创新,扎根民族文化扶贫、乡村振兴,参与中小微企业技术开发,为薄弱学校技能培训组建民族传承人社会服务团队,技术服务推广效益30万元以上。

聚焦转型升级需求,校企联合发挥民族特色职业教育的力量助力精准扶贫,推进职业教育、职业培训、职业指导、职业介绍,促进民族团结。以提升民族技艺自主创新能力为核心,以加强专业群技术研发和成果转化为抓手,通过构建多层次、宽领域、高水平的科技创新、产教融合平台体系,促进企业科技进步。

1. 通过"侗寨·五娘"非遗"123＋N"现代传承育人模式解决侗族非遗技艺由碎片化传承向体系化转变的资源支撑力不足问题

以学校侗族非遗技艺传承创新项目为纽带,通过调动学校、政府、文化产业和民族技艺行业等各界的资金、人力和物力资源,对学校开展基地建设课程及教学资源开发、教师队伍建设、文创产品开发、歌舞秀展演等项目给予支持,各方资源的共同参与为学校开展侗族非遗技艺由碎片化传承向体系化转变的实践与创新工作给予支持。例如，侗族服饰文化传承创新职业教育基地建设、侗族文化特色课程及教学资源开发、民族技艺"双师型"教师队伍建设、侗族"侗礼"品牌民族文创产品开发、"侗寨·五娘"文化歌舞秀展演，解决了侗族非遗技艺由碎片化传承向体系化转变过程中资源支撑力不足问题。

2. 通过"侗寨·五娘"非遗"123＋N"现代传承育人模式解决侗族非遗技艺与学校专业建设发展不相融合问题

将"侗寨·五娘"中的每一"娘"非遗技艺都分别与学校多个相关专业对接，开发相应课程和教学资源并融合到各专业课程体系中，通过日常的课堂教学和课外社团活动，培养现代民族技艺传承人才。如：侗绣＋服装设计与工艺专业，打造绣娘；侗歌＋社会文化艺术＋学前教育专业，打造歌娘；侗画＋工艺美术专业，打造画娘；侗茶＋茶叶加工专业＋旅游服务与管理专业，打造茶娘；侗宴＋旅游服务与管理专业，打造厨娘；同时，还建设了侗族非遗展示及传承场所，其中有韦清花侗绣大师工作室、张礼全工艺美术大师工作室；校级名师工作室，包括陈美娟民族服饰创意工作室、张慧民族歌舞工作室、徐娟民族包装创意工作室、伍依安民族创意家居工作室；学生创客空间等学习实践的场所，变单一为多元融合。通过工作室化项目教学，使课程成果达到"作品化、产品化、商品化"，逐步实现"一生一手艺"的高素质民族文化技艺人才培养目标。

3. 通过"侗寨·五娘"非遗"123＋N"现代传承育人模式解决侗族非遗传承人队伍单薄、教学内容及手段单一问题

聘请非遗传承大师常驻学校，承担授课、亲传技艺，促进学生近距离接触非遗文化及技艺，延拓非遗技艺传承覆盖面；构建自身非遗传承技艺教师队伍，依托非遗大师工作室，培养校内技能大师，支持校内教师与非遗传承大师通力协作，共同制定专业人才培养方案、编写教材与授课，以系统的理论教育规范技艺传承；建立学生创客空间，教授学生传统技艺与创新理念，引入文创项目，邀请非遗传承人授课，校级技能大师、企业技术人员、校内骨干教师一对一项目分组指导，学生自主研发作品，构建形成了"三级"传承人队伍，即非遗传承人＋校内教师（校级技能大师、专业骨干教师）＋专业学生，三个层次协同共进，提升了民族文化技艺人才培养实效。

4. 通过"侗寨·五娘"非遗"123＋N"现代传承育人模式解决侗族非遗技艺与现代文化融合创新发展不佳问题

侗族非遗文化传承人与学校专业教师团队合作，由专业教师向非遗传承人学习传统技艺，了解其文化内涵和民俗风情，从中归纳、提炼出侗族元素，寻找出侗族非遗文化与现代文化的最佳契合点，用现代表现手法进行再创造，形成民族服饰品、民族工艺品、民族歌舞表演和民族饮食文化类等系列现代文创作品，打通产业化发展道路。

5. 通过"侗寨·五娘"非遗"123＋N"现代传承育人模式解决非遗教育社会服务能力不足的问题

学校以"123＋N"现代传承育人模式整合资源，有效提升了社会服务能力，面向中小学开展送课进校活动，面向企业、社区、政府提供技能培训、展演等社会服务，广受好评，推广应用效果显著。

二、建设内容与举措

文化扶贫——重点扩大对三江、融水等贫困县（区）贫困户子女、家庭经济困难子女的招生数量。成立"民族圆梦班"，成立民族技艺学生社团，设立"柳州市第二职业技术学校民族技艺传承人"评选机制。通过特色课程，实施绣娘、歌娘、画娘、茶娘、厨娘等民族技艺培养计划。

乡村振兴——通过"学校＋企业＋农户（贫困户）"模式，与合作企业对口扶贫融水保江村。发挥服装专业群优势，通过传承侗族刺绣等民间文化技艺，助推绣品产业植入保江村，使最后 13 户完成脱贫摘帽。

推广民族技艺普及培训，自主研发民族专利 6 项以上，面向区内中职学校进行民族技艺交流和经验推广 300 人次以上。接受来访、观摩、参观 50 次以上。

三、侗族非遗人才培养的实践创新

（一）形成了侗族非遗系列教材，扩大了受众范围

传统的侗族非遗传承模式是以口传手授的方式代代相传的，知识和技艺碎片化，容易失传。柳州市第二职业技术学校通过收集各类侗族服饰及手工艺品、歌舞作品，分析其文化内涵、技艺表现形式和艺术规律，将其文字化、体系化和课程化，形成了

侗族非遗系列教材，扩大了受众范围，做到人人可传承，变封闭式传承为开放式传承，变静态保护为活态传承，形成了"123＋N"现代传承育人模式，率先实现了侗族非遗技艺从碎片化传承向系统化传承的转变。

2012年以来，学校培养了侗族学生3000余人，已培养七代绣娘，培养歌娘、画娘、茶娘、厨娘各四代。通过对"五娘"的培养，改变了侗族学生的人生观、价值观，她们更加追求上进，毕业学生中升读大学的有1200多人，其余就业学生中有不少人走上了自主创业的道路。

受柳州市第二职业技术学校"侗寨・五娘"项目的启发，自治区级侗族打油茶非遗传承人郭朝阳创立了三江县侗寨五娘文化发展有限公司，成为柳州市第二职业技术学校校外实习基地，学校为该企业定向培养了100多名毕业生。此外，学校还为国内各文创企业输送了大量人才。民族文化素养高、技艺精湛的侗族学生在自治区级创新创业大赛中获奖，代表广西参加全国职业院校中职组服装设计与工艺赛项连续多年荣获了二、三等奖的好成绩。

（二）民族非遗人才培养融入思政教育，增强民族自信

民族非遗教育融入思政教育，培养学生的民族自信，强化立德树人；建立民族服饰文化、民族饮食、民族运动等民族特色课程，通过对照国际先进课程标准，形成双语国际化课程；通过"技能比武""创意设计大赛""民族网红直播公益大赛"等渗透"工匠精神"，塑造学生精益求精的职业素养。

（三）强化非遗育人基地，夯实基础教学与实训能力

柳州市第二职业技术学校建立了符合"侗寨・五娘"专业群人才培养定位的实习实训基地，以"厚基础、精技能、营造民族非遗环境"为建设思路，重构共享基础实训室、信息化与智能化实训室，推动产教融合实训基地建设，营造浓厚的民族非遗文化氛围；夯实专业群岗位基础能力，建设高水平民族类实训室。

（1）民族文化创意设计中心：内部蕴含侗族建筑构成元素，采用实木对墙面、地面、门窗进行装饰；通过对侗族纺纱、织布等生产工艺进行展示，再现侗族人民日常生产、生活的真实场景。

（2）民族工艺品直播电商实训室：主要对实训室的信息化实训条件进行了提升，配置了14寸触控一体机40台，服装仿真教学系统40个站点，教学系统内包含丰富的服装专业核心多媒体教学资源，有动画及课件100多个；支持链接服装云教学平台，有学习课件200多个；支持链接资源库系统，可查看服装面料、服装辅料、服装文案、服装设备、服装视频、服装标准、企业技术资料、民族服饰资源等，不少于300G。

（3）专业技能民族非遗大师工作室：根据"113模式"，学校配套建设了2个大师工作室——韦清花大师工作室（在民族服饰文化体验馆内）、张礼全大师工作室，4个名师工作室——陈美娟民族服饰创意工作室、徐娟民族包装创意工作室、伍依安民族创意家居工作室、TCZ影像本土文化工作室，为实现以大师工作室为主导，引领教师工作室进行侗族服饰文创产品的研发，实施工作室课程教学提供了实践教学场所。

取得的效益如下：

（1）民族文化创意设计中心面向4个专业群开放，开展服装美术基础、构成基础、平面设计、室内设计、服装款式设计等课程实训，每年至少接纳16个班约700人在该中心参加实训，解决了缺少专业设计实训室的难题。

（2）民族工艺直播电商实训室面向服装设计与工艺、美术设计与制作专业开放，开展服装融媒体营销、短视频创作、新媒体设计、橱窗设计、服装陈列展示等课程，每年至少接纳8个班约400人在该实训室参加实训。

（3）建成2个技能大师工作室，技能大师引领专业建设，提升社会影响力和辐射带动力。以产业发展和社会服务带动校内专业带头人教学、科研能力的提升，指导每位校级专业带头人主持或参与1门课程的开发与建设工作，主持校级以上课题1项，承担社会培训项目2项。

（4）建成非遗民族文化博物馆，满足服装款式设计、服饰搭配、民族服饰文化鉴赏、服装陈列设计等课程教学与实训的需要。每年可以接纳50批次以上兄弟院校参观交流；接纳20批次以上中小学师生来学校进行民族文化体验。

第二节　打造了非遗文化传承师资队伍

随着我国发展的提速，现代职业教育建设发展也日新月异。习近平总书记提出的"世界水准，中国特色"现代职业教育体系中，建设具有中国特色的现代职业教育体系要求之一就是职业教育要具有开放性。

我国《关于加快发展现代职业教育的决定》（国发〔2014〕19号，简称《决定》）中明确指出，职业教育要为我国走新型工业化道路、调整经济结构和转变增长方式服务，为农村劳动力转移服务，为建设社会主义新农村服务，为提高劳动者素质特别是职业能力服务。职业教育面向所有职业的广泛性决定了其服务对象的开放性。从《决定》中提出的多个服务我们可以了解到，职业教育需要面向社会各种职业、各种岗位、各个阶层，是面向人人的教育，对于各种受教育主体是具有广泛的开放性质的。而受教育群体的广泛性、开放性也要求职业教育师资队伍具有开放性。

相对于普通高中教师团队结构，中等职业教育师资队伍更具有面向人人的教育开放性。中等职业学校的教师既可以是专业教师，也可以是某个职业方向的技术人才、校企合作单位的专业人士或是社会的能工巧匠。中职学校可以聘用企业或社会兼职老师来校进行专业任课。这些企业专业人士因在企业工作中有大量实践案例，在讲课中有针对性，能够起到实现学生和企业"最后一公里"融通的作用，帮助学校提升办学的专业性。

柳州市第二职业技术学校认为，中职教师师资队伍的开放性建设不只要"引进来"，还要"走出去"。学校通过完善教师团队结构，引进行业大师、民族技能传承人，手把手带领教师团队进行以实际操作能力为主的教学训练，以提高教师的综合能力，从而提高教学质量，提升学校师资队伍质量。

国内研究学者姜大源提出，职业教育是跨界的教育，跨界的教育需要跨界的思考。职业教育应该跳出职业看职业、跳出教育看教育、跳出学校看学校、跳出知识看知识、跳出技能看技能。

柳州市第二职业技术学校通过引入民族技能传承人，让美术设计专业老师跨行业接触非遗侗族刺绣技法、非遗侗族扎染、非遗侗族银饰锻造、非遗侗族大歌，并在传承人指导的基础上结合现代设计理念，设计制作出新的符合现代人审美的工艺产品。

老师在传承民族技艺的同时，带领学生团队参加柳州市电视台举办的民族网红扶贫直播比赛，将非遗侗绣进一步在社会上进行推广，让更多的人民群众了解非遗民族文化。

柳州市第二职业技术学校通过引入行业带头人，引导老师团队积极与行业接轨，将非遗侗族民族服饰、瑶族民族服饰推上了国际大舞台。学校师生团队自主设计制作的"侗寨五娘""苗翎嫁娘"等系列民族服装先后登上了2019新澳中国际时尚文化周、2019年东盟国际时装周、2020新澳中国际时尚文化周。教师团队设计制作的工艺品多次获得"深圳·金凤凰"工艺品创新设计大赛金奖、"金凤凰"创新产品设计大赛银奖、"百花杯"中国工艺美术精品奖、广西工艺美术作品"八桂天工奖"。获得国家外观专利8项，出版民族特色教材3本。

综上所述，中等职业教育的开放性与跨界性是辩证统一的。正是由于中等职业教育具有面向人人的教育开放性，中等职业教育才更需要突破传统教育理念的"围城"，以跨界的视角来促进师资队伍的发展。

第三节 搭建了非遗文化产学研共生平台

在我国正处于文化大国向文化强国转型的关键阶段，非物质文化遗产的保护和发展成了重要任务之一。三江侗族自治县作为柳州市重点打造的民族风情旅游名区，具有绚丽多彩的侗族风情和历史悠久的民族特色服饰文化，作为国家非物质文化遗产之一的侗绣、侗锦等民族服饰文化技艺濒临失传。

柳州市第二职业技术学校整合校内外资源，积极申报民族文化传承建设项目，于2016年5月被自治区教育厅认定为第二批广西民族服饰（侗族服饰）文化传承创新职业教育基地。校企共建集"技艺研究、产品开发、社会服务、展示交流"于一体的侗族服饰文化传承与创新基地，打造具有民族文化特色的服装艺术类专业群，实现民族文化传承创新、非物质文化遗产保护、高技能人才培养、产业孵化等功能，服务区域经济发展。

柳州市第二职业技术学校将人才培养与非遗文化保护研究相结合，以弘扬和传承中华优秀传统民族文化为主旨，突出侗族非物质文化遗产的传承与创新，引导传统手工艺向现代生活的实用功能转型，并横向延伸带动相关专业发展，如将侗族文化元素融入包装设计、室内设计、服装设计、工艺美术品设计、歌舞艺术表演、民俗餐饮设计管理等，形成了以服装设计与工艺专业为龙头，美术设计与制作、工艺美术、学前教育、社会文化艺术、旅游服务与管理等为骨干专业的具有民族文化特色的服装艺术类专业群联动建设与发展。

侗族服饰文化传承创新职业教育基地依据"113模式"进行建设。"113模式"，指1条主线、1面旗帜、3个层次协同共进，其具体内涵为以下三点。

1条主线：以三江源侗族文化为主线。

1面旗帜：打造1个产学研商一体化实体平台，创立自主品牌。

3个层次协同共进：从三个层面进行建设。由大师工作室作为主导，引领教师工作室高举侗族服饰文化传承创新旗帜，带领学生在创客空间进行学习创作，在传承与创新侗族服饰文化的道路中共同进步。

首先，柳州市第二职业技术学校聘请国家级侗族文化非物质文化遗产代表性传承人陈显月大师、自治区级非物质文化遗产侗绣代表性传承人韦清花大师和张礼全工艺美术大师参与到基地建设中，构建了一支由职教专家、学校骨干教师、非遗传承人、行业企业技术骨干组成的民族文化技艺教学团队，保障侗族服饰传统手工艺传承模式改革的实施和工作室化现代学徒制的推行。

其次，进行实训条件改造，创建民族文化氛围浓郁的传承创新实践教学环境。柳州市第二职业技术学校为2位技能大师量身打造了韦清花大师工作室、张礼全大师工作室；为学校5位名师创建了陈美娟民族服饰创意工作室、张慧民族歌舞艺术工作室、徐娟民族包装创意工作室、伍依安民族创意家居工作室、陶静影像本土文化工作室；为学生建设了创客空间、民族技艺传承工作坊、民族服饰文化体验馆、民族风情文化园等实践教学场所，形成了以大师工作室为引领，名师工作室为支撑，专业学生学习应用侗族文化技艺的良好格局，为师生提供了侗族文化氛围浓郁的实践教学环境和条件，为民族技艺的传承、创新和文化展示提供实训、培训和传播场所。

再次，柳州市第二职业技术学校与上海格言艺术设计有限公司、上海U&M吾尔强工作室、上海耘耕文化发展有限公司、柳州市柳源卓艺工艺品有限公司、三江县清花锦绣文化传承有限公司等多家企业建立产学研合作关系，通过校内研学和校外产商，搭建了非遗文化产学研共生平台。

最后，形成了一个政、校、行、企多方参与的侗族非遗文化实践共同体，企业、大师、名师、教师团队和学生之间"纵向贯通"，在校内外实践基地和各工作室之间"横向联合"，以"非遗＋时尚""技艺＋文化""项目＋成果"为导向，将优秀侗族文化融入课程建设、艺术创作、校园文化、社会实践等育人环节之中。

柳州市第二职业技术学校通过开展各项民族文化传承创新教育教学活动，在校园中营造了学习和传承优秀民族文化的氛围，大力推进民族文化融入学校职业教育的发展。三门侗族文化特色课程应运而生，分别为侗族服饰款式设计与制作、侗族图案基础和侗族图案应用设计，配套有相应的课程教材、数字化教学资源，除了在日常教学中使用之外，还可用于基地对外培训。

通过政、校、行、企多方的合力，在非遗文化产学研共生平台构建的过程中，学校成功参与和举办了多项民族文化技艺传承推广活动，如广西东盟职教联展、各级工艺美术作品展、基地建设专家论证会、尖荷行动、服装专业技能培训、侗族文创产品开发论证会。组织学校民族文化技艺教学团队到三江、融水及贵州、上海、杭州等地学习、调研、考察民族文化传承创新情况，学做合一，乐于创造，收获累累硕果。

此外，柳州市第二职业技术学校还制作了《侗礼之路——侗族服饰文化与技艺宣传手册》，开办了面向社会的侗族文化手工艺培训活动，直接受众人数200多人，并联合非遗传承人、文创企业，共同研发民族文创产品，创立了自主品牌"侗礼"，将文创产品通过线上线下进行市场推广。

非遗文化产学研共生平台的构建，有效培养了学校师生以市场为导向的意识，将传统手工艺向现代生活的实用功能转型，将作品转变为商品，提高了师生创新创业能力，从而达到服务企业、回馈社会，学校、企业、学生多方共赢的目的。

由于"侗寨·五娘"非遗文化技艺传承创新成果成效显著，2018年1月，教育部正式发文，公布柳州市第二职业技术学校成为第二批全国中小学中华优秀文化艺术传承学校，传承项目为侗族文化艺术，是全国第二批1035所中华优秀文化艺术传承学校中唯一一所对侗族文化进行传承创新的学校。2020年，学校还先后获得全国职业院校"非遗教育传承示范基地""传统技艺传承示范基地""自治区第四批民族团结进步示范学校"和"柳州市第二批民族团结进步创建示范学校"等荣誉称号。

第四节　创作了一批非遗文化作品

柳州市第二职业技术学校创作了一批非遗文化作品，如表5-4-1，图5-4-1至图5-4-44所示。

表5-4-1　柳州市第二职业技术学校创作的非遗文化作品及获奖情况

序号	年份	获奖项目	活动	获奖等级	作者	级别
1	2016	服装作品《偶遇》	2016广西工艺美术作品"八桂天工奖"	铜奖	陈美娟 陶静 谢建强	自治区级
2	2016	首饰作品《溯源》	2016广西工艺美术作品"八桂天工奖"	铜奖	陈美娟 韦清花 宁方方	自治区级
3	2016	雕塑作品《紫气福来》	2016广西工艺美术作品"八桂天工奖"	铜奖	秦怡婷	自治区级
4	2017	刺绣作品《魂》	2017"百花杯"中国工艺美术精品奖	铜奖	宁方方 陈美娟	其他
5	2017	刺绣作品《追忆》	2017广西工艺美术作品"八桂天工奖"（旅游工艺品）	银奖	陈美娟	自治区级
6	2017	刺绣作品《丝语》	2017广西工艺美术作品"八桂天工奖"	入围奖	伍依安	自治区级
7	2017	雕塑作品《吉梦》	2017广西工艺美术作品"八桂天工奖"	铜奖	秦怡婷 蔡凌燕	自治区级
8	2017	数码针刺纤维艺术《祥印》	第七届广西发明创造成果展览交易会	参展项目获得者荣誉证书	伍依安	自治区级
9	2017	《侗歌》	第五届柳州市工艺美术作品展	银奖	陈美娟 覃丽霞 杨小钦 宁方方	市级

序号	年份	获奖项目	活动	获奖等级	作者	级别
10	2018	针刺《侗歌》	2018年"深圳·金凤凰"工艺品创新设计大赛	金奖	陈美娟 覃丽霞	其他
11	2018	服装《侗歌》	第八届广西发明创造成果展览交易会	传统手工业创新成果奖	陈美娟 覃丽霞	自治区级
12	2018	《侗音》	第六届柳州市工艺美术作品展	铜奖	李璐 徐娟	市级
13	2018	《侗寨 五娘》	2018新澳中国际时尚文化周	最具文化影响力品牌	陈美娟	国家级
14	2018	《侗寨 五娘》	2018新澳中国际时尚文化周	最佳设计师奖	陈美娟	国家级
15	2018	刺绣作品《侗魂》	2018广西工艺美术作品"八桂天工奖"	银奖	陈美娟 宁方方 覃丽霞	自治区级
16	2018	《侗魂》	第六届柳州市工艺美术作品展	银奖	陈美娟 宁方方 覃丽霞	市级
17	2018	《荷庆吉祥》	2018广西工艺美术作品"八桂天工奖"	铜奖	秦怡婷 蔡凌燕	自治区级
18	2018	针刺《朝气鹏程》	2018年"深圳·金凤凰"工艺品创新设计大赛	优秀奖	伍依安 张礼全	其他
19	2019	陶瓷《侗族大歌》	第二十届中国工艺美术大师作品暨手工艺精品博览会,2019"百花杯"中国工艺美术精品奖	优秀奖	徐娟 李璐	其他

序号	年份	获奖项目	活动	获奖等级	作者	级别
20	2019	《陶瓷—对山歌》	2019 广西工艺美术作品"八桂天工奖"	鼓励奖	徐娟 李璐 甘桂遥	自治区级
21	2019	刺绣盛装《月也笙歌》	第 54 届全国工艺品交易会,2019 年"金凤凰"创新产品设计大赛	优秀奖	陆进 陈美娟 林彤 胡艺华	其他
22	2019	刺绣《大江直上》	第二十届中国工艺美术大师暨手工艺精品博览会,2019"百花杯"中国工艺美术精品奖	优秀奖	陈美娟 宁方方 覃丽霞	其他
23	2019	木皮烙画《柳江溯源》	第二十届中国工艺美术大师暨手工艺精品博览会,2019"百花杯"中国工艺美术精品奖	铜奖	张礼全 张鸿文 伍依安 何叶	其他
24	2019	侗绣《千年侗寨·花团锦簇》	首届"黄炎培杯"中华职业教育非遗创新大赛	二等奖	滚晓洁 朱英吉 粟慧 指导老师: 覃丽霞	其他
25	2019	系列服装《苗翎嫁娘》	首届"黄炎培杯"中华职业教育非遗创新大赛	三等奖	韩晶	其他
26	2019	系列服装《苗翎嫁娘》	2019 新澳中国际时尚文化周	最佳国际设计师奖	韩晶	国家级
27	2019	系列服装《苗翎嫁娘》	2019 新澳中国际时尚文化周	最具民族魅力品牌奖	韩晶	国家级
28	2019	系列服装《苗翎嫁娘》	2019 新澳中国际时尚文化周	最佳民族服饰创新设计奖	韩晶	国家级

序号	年份	获奖项目	活动	获奖等级	作者	级别
29	2019	《苗礼》	2019新澳中国际时尚文化周	最具文化影响力品牌	韩晶	国家级
30	2019	《侗听富禄》	2019广西工艺美术作品"八桂天工奖"	鼓励奖	蔡凌燕 秦怡婷 梁艳凤 蒋钰	自治区级
31	2019	《侗香茶缘（杯垫）》	2019广西工艺美术作品（旅游工艺品）"八桂天工奖"	鼓励奖	秦怡婷 蔡凌燕 陶静 左金枝	自治区级
32	2019	编结作品《银装素裹》	2019广西工艺美术作品"八桂天工奖"	鼓励奖	秦怡婷 左金枝 莫海楼 蒋钰	自治区级
33	2019	葫芦雕刻《风生水起》	第二十届中国工艺美术大师作品暨手工艺术精品博览会,2019"百花杯"中国工艺美术精品奖	优秀奖	秦怡婷 蔡凌燕 蒋钰 陈君	其他
34	2019	工艺画作品《苗彩》	2019广西工艺美术作品（旅游工艺品）"八桂天工奖"	铜奖	伍依安 蒋钰 梁双慧 黄宝丽	自治区级
35	2019	工艺画作品《柳江溯源》	2019广西工艺美术作品"八桂天工奖"	金奖	张鸿文 宁象宏 伍依安 何言	自治区级
36	2019	抽纱刺绣《古清润色》	2019年"金凤凰"创新产品设计大赛	银奖	王芬 刘凯 黄国燕 魏淼	其他

序号	年份	获奖项目	活动	获奖等级	作者	级别
37	2020	装饰画《侗族生活》	2020年"金凤凰"创新产品设计大赛	铜奖	甘桂遥 徐娟 庞鲜 李璐	其他
38	2020	竹雕《春风十里侗乡路》	2020年"深圳·金凤凰"工艺品创新设计大赛	金奖	甘桂遥 徐娟 李璐 庞鲜	其他
39	2020	刺绣《侗尚》	2020年"深圳·金凤凰"工艺品创新设计大赛	银奖	陈美娟 覃丽霞 宁方方 兰伟华	其他
40	2020	《花簇月也》	第八届柳州市工艺美术作品展	铜奖	陈美娟 覃丽霞 宁方方 兰伟华	市级
41	2020	侗族刺绣《红壤侗乡源》	第二届全国职业院校传统技艺传承与发展研讨会	二等奖	覃会晴 周丽萍 指导老师：覃丽霞	其他
42	2020	手工银饰《侗尚》	第二届全国职业院校传统技艺传承与发展研讨会	三等奖	蒋瑜婷 指导老师：宁方方	其他
43	2021	刺绣《吉祥宝贝》	2021年"金凤凰"创新产品设计大赛	优秀奖	陈美娟 梁培亮 贾梅怒 龙枚好	其他
44	2021	刺绣《春暖花开》	2021年"金凤凰"创新产品设计大赛	优秀奖	覃丽霞 吴疑姬 吴培少 梁培亮	其他

图 5-4-1 《偶遇》获 2016 广西工艺美术作品 "八桂天工奖" 铜奖

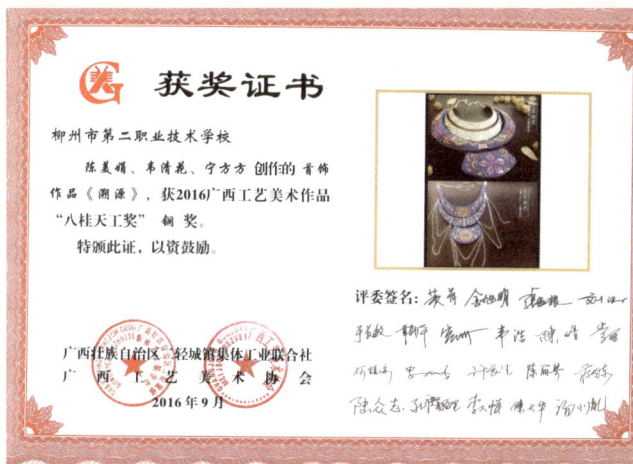

图 5-4-2 《溯源》获 2016 广西工艺美术作品 "八桂天工奖" 铜奖

图 5-4-3 《紫气福来》获 2016 广西工艺美术作品 "八桂天工奖" 铜奖

图 5-4-4　刺绣《魂》获 2017 "百花杯" 中国工艺美术精品奖铜奖

图 5-4-5　刺绣作品《追忆》获 2017 广西工艺美术作品 "八桂天工奖"（旅游工艺品）银奖

图 5-4-6　刺绣作品《丝语》获 2017 广西工艺美术作品 "八桂天工奖" 入围奖

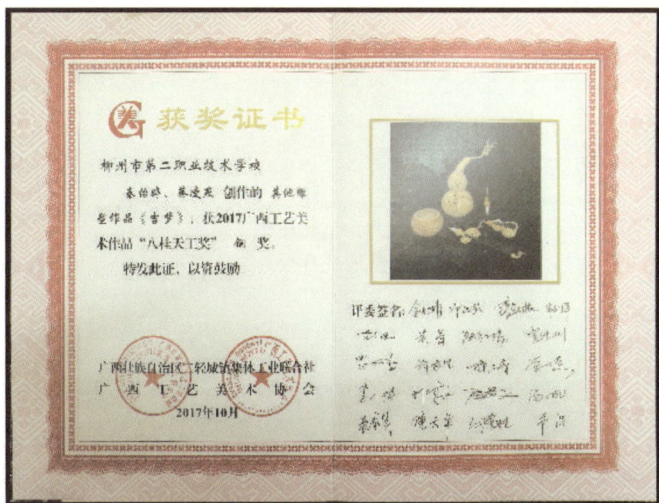

图 5-4-7　雕塑作品《吉梦》获 2017 广西工艺美术作品 "八桂天工奖" 铜奖

图 5-4-8　数码针刺纤维艺术《祥印》获第七届广西发明创造成果展览交易会参展项目获得者荣誉

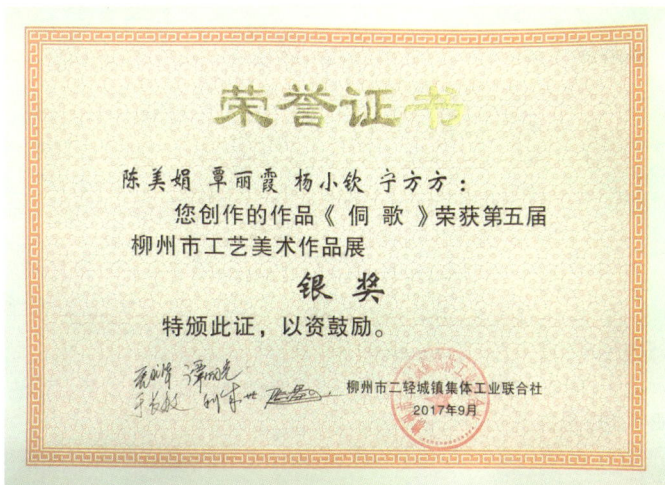

图 5-4-9　《侗歌》获第五届柳州市工艺美术作品展银奖

图 5-4-10　针刺《侗歌》获 2018 年"深圳·金凤凰"工艺品创新设计大赛金奖

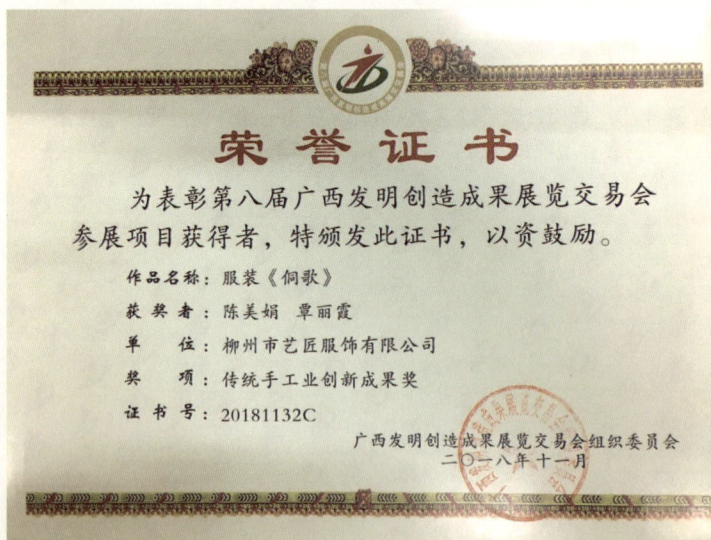

图 5-4-11　服装《侗歌》获第八届广西发明创造成果展览交易会传统手工业创新成果奖

图 5-4-12 　《侗音》获第六届柳州市工艺美术作品展铜奖

图 5-4-13 　《侗寨 五娘》获 2018 新澳中国际时尚文化周最具文化影响力品牌

图 5-4-14 　《侗寨 五娘》设计者陈美娟获 2018 新澳中国际时尚文化周最佳设计师奖

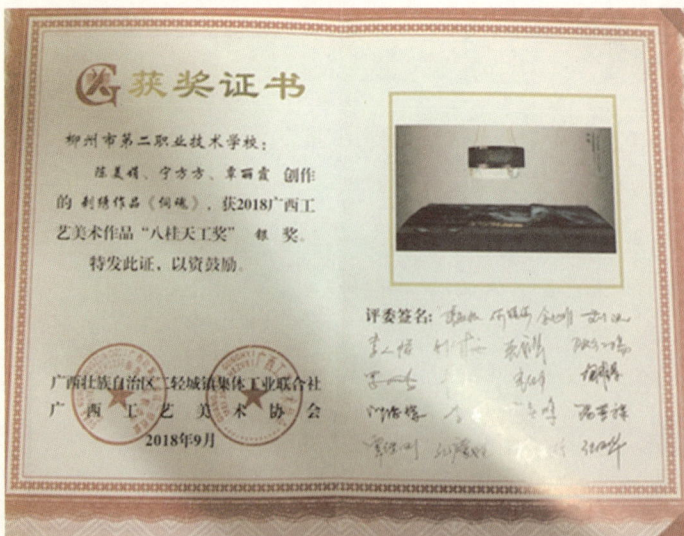

图 5-4-15　刺绣作品《侗魂》获 2018 广西工艺美术作品"八桂天工奖"银奖

图 5-4-16　《侗魂》获第六届柳州市工艺美术作品展银奖

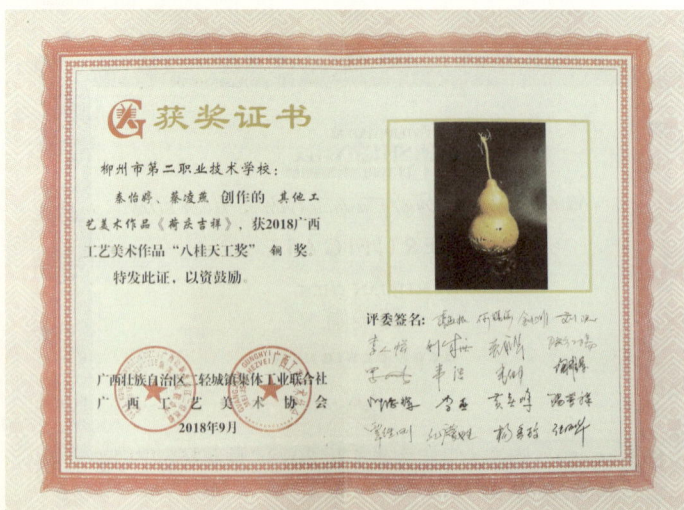

图 5-4-17　工艺美术作品《荷庆吉祥》获 2018 广西工艺美术作品"八桂天工奖"铜奖

图 5-4-18　针刺《朝气鹏程》获 2018 年"深圳·金凤凰"
工艺品创新设计大赛优秀奖

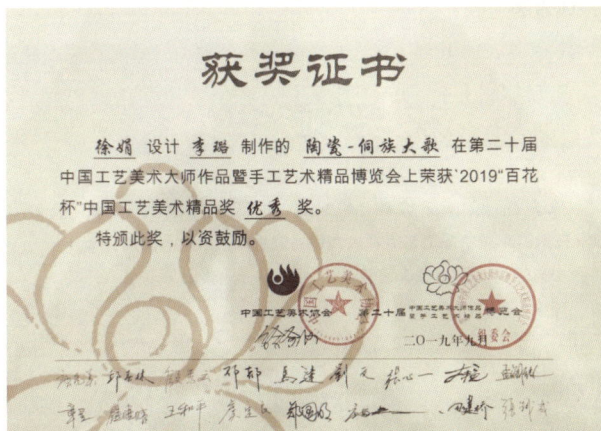

图 5-4-19　陶瓷《侗族大歌》获 2019 "百花杯" 中国工艺
美术精品奖优秀奖

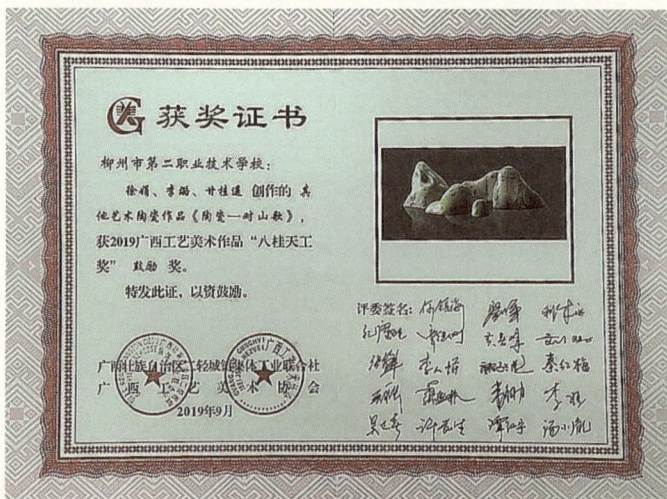

图 5-4-20 《陶瓷一对山歌》获 2019 广西工艺美术作品"八桂天工奖"鼓励奖

图 5-4-21 刺绣盛装《月也笙歌》获 2019 年"金凤凰"创新产品设计大赛优秀奖

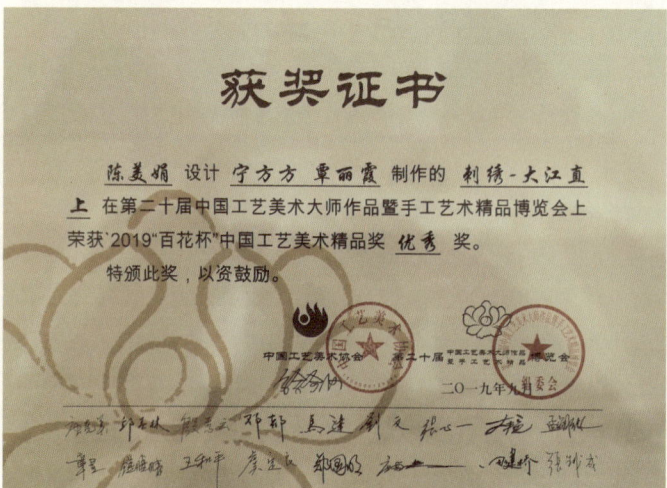

图 5-4-22 刺绣《大江直上》获 2019"百花杯"中国工艺美术精品奖优秀奖

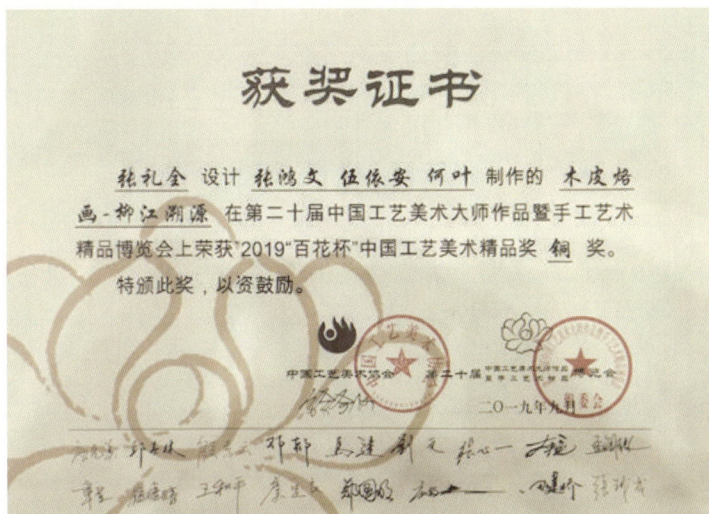

图 5-4-23　木皮烙画《柳江溯源》获 2019 "百花杯" 中国工艺美术精品奖铜奖

图 5-4-24　侗绣《千年侗寨·花团锦簇》获首届 "黄炎培杯" 中华职业教育非遗创新大赛二等奖

获奖证书

AWARD CERTIFICATE

韩晶：

您的 苗绣《苗翎嫁娘》 作品在首届
"黄炎培杯"中华职业教育非遗创新大赛中,荣获

三 等 奖

指导老师：

特发此证，以资鼓励。

中华职业教育社
2019年11月

图 5-4-25 《苗翎嫁娘》获首届"黄炎培杯"中华职业教育
非遗创新大赛三等奖

NZIFCW
NEW ZEALAND INTERNATIONAL
FASHION CULTURE WEEK 2019

CERTIFICATE OF BEST INTERNATIONAL
DESIGNER

This is hereby awarded to

Han Jing

for the participation & excellent showcase during
NZ International Fashion Culture Week 2019

Amanda Deng
COMMITTEE PRESIDENT

图 5-4-26 《苗翎嫁娘》设计者韩晶获 2019 新澳中国际时
尚文化周最佳国际设计师奖

图 5-4-27 《苗翎嫁娘》获 2019 新澳中国际时尚文化周最具民族魅力品牌奖

图 5-4-28 《苗翎嫁娘》获 2019 新澳中国际时尚文化周最佳民族服饰创新设计奖

图 5-4-29 《苗礼》获 2019 新澳中国际时尚文化周最具文化影响力品牌

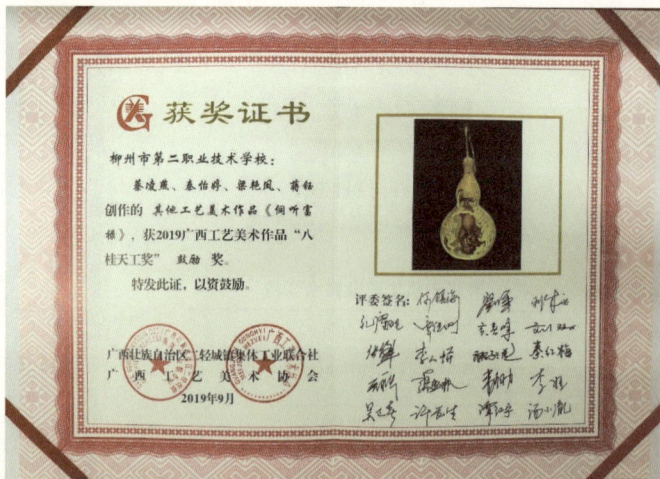

图 5-4-30　工艺美术作品《侗听富禄》获 2019 广西工艺美术作品
"八桂天工奖"鼓励奖

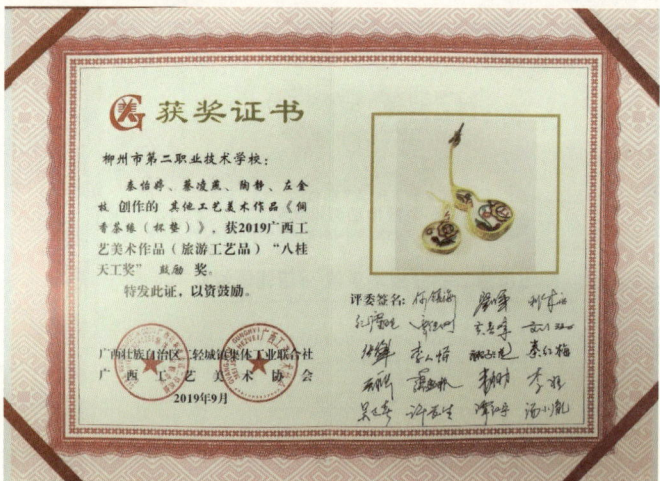

图 5-4-31　工艺美术作品《侗香茶缘（杯垫）》获 2019 广西工艺
美术作品（旅游工艺品）"八桂天工奖"鼓励奖

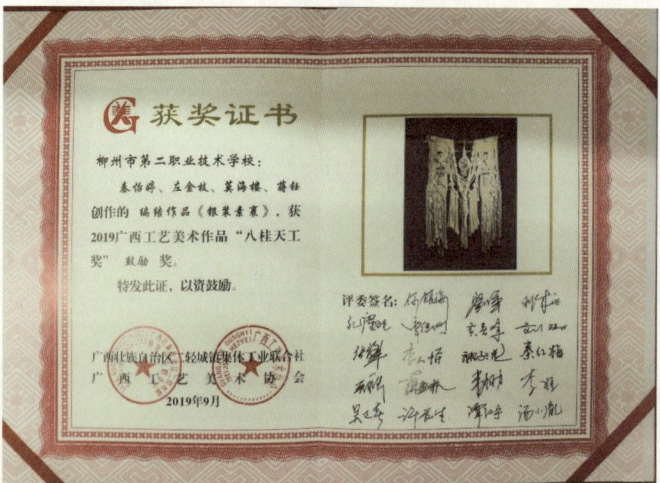

图 5-4-32　编结作品《银装素裹》获 2019 广西工艺美术作品"八
桂天工奖"鼓励奖

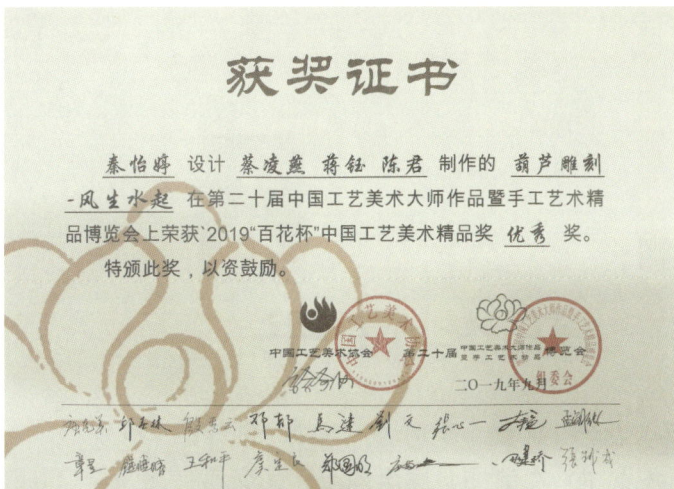

图 5-4-33 葫芦雕刻《风生水起》获 2019 "百花杯" 中国工艺美术精品奖优秀奖

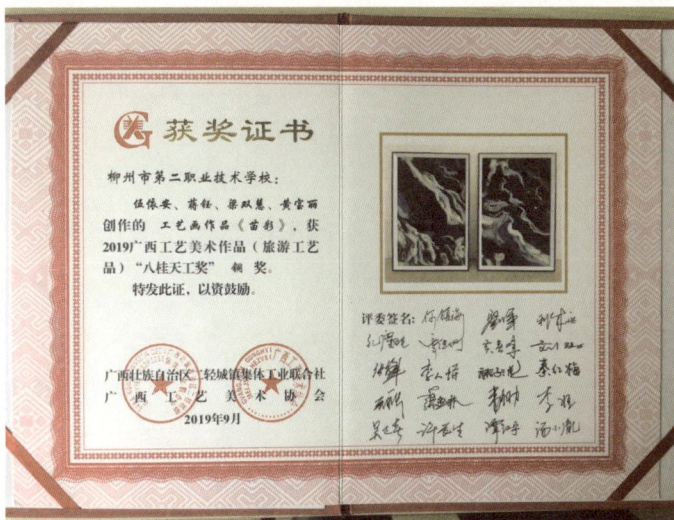

图 5-4-34 工艺画作品《苗彩》获 2019 广西工艺美术作品（旅游工艺品）"八桂天工奖" 铜奖

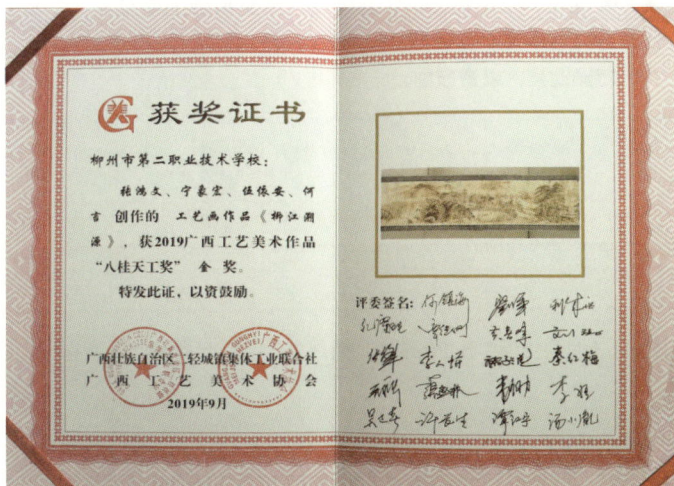

图 5-4-35 工艺画作品《柳江溯源》获 2019 广西工艺美术作品"八桂天工奖" 金奖

图 5-4-36　抽纱刺绣《古清润色》获 2019 年"金凤凰"创新产品设计大赛银奖

图 5-4-37　装饰画《侗族生活》获 2020 年"金凤凰"创新产品设计大赛铜奖

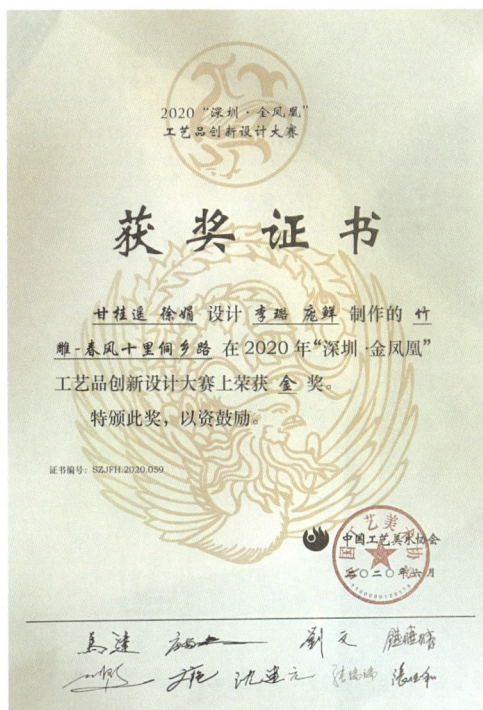

图 5-4-38　竹雕《春风十里侗乡路》获 2020 年"深圳·金凤凰"工艺品创新设计大赛金奖

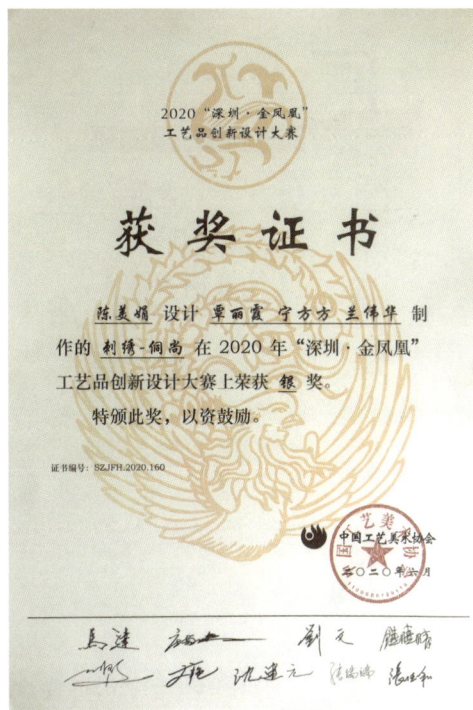

图 5-4-39　刺绣《侗尚》获 2020 年"深圳·金凤凰"工艺品创新设计大赛银奖

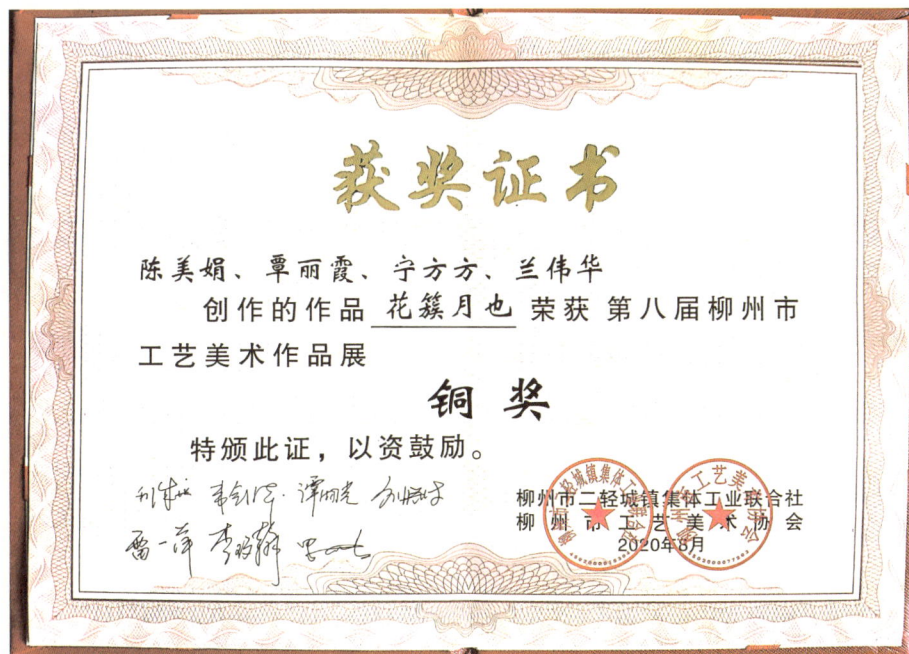

图 5-4-40　《花簇月也》获第八届柳州市工艺美术作品展铜奖

图 5-4-41 侗族刺绣《红壤侗乡源》获第二届全国职业院校传统技艺传承与发展研讨会二等奖

图 5-4-42 手工银饰《侗尚》获第二届全国职业院校传统技艺传承与发展研讨会三等奖

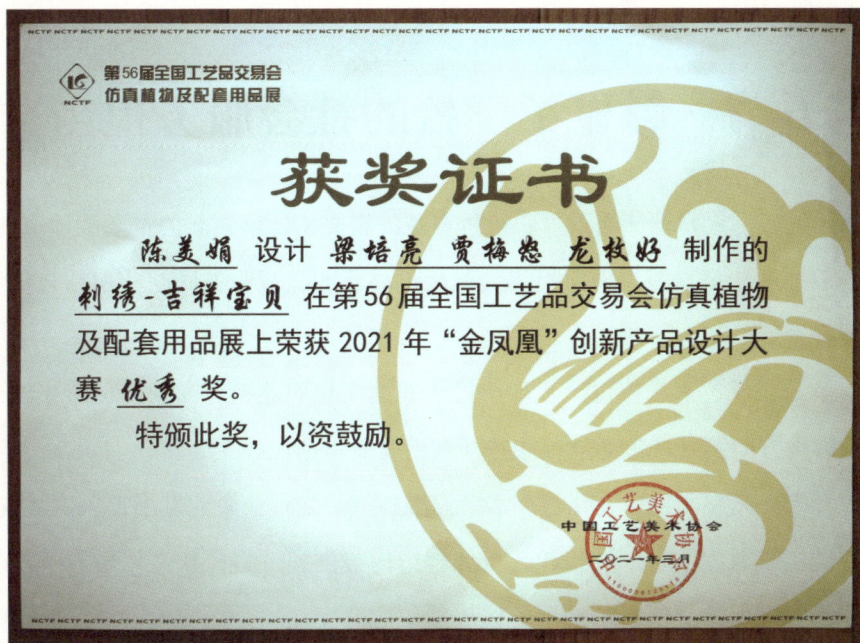

图 5-4-43　刺绣《吉祥宝贝》获 2021 年 "金凤凰" 创新产品设计大赛优秀奖

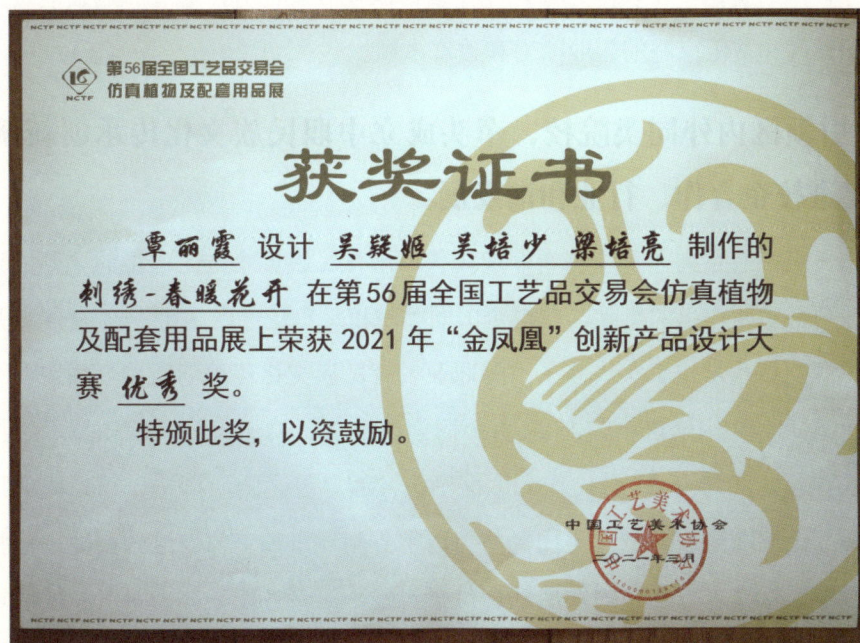

图 5-4-44　刺绣《春暖花开》获 2021 年 "金凤凰" 创新产品设计大赛优秀奖

第五节　彰显了学校的社会服务担当

"侗寨·五娘"系列设计秉承"职业教育是民族文化传承创新的重要载体"理念，始终扎根民族地区，努力践行使命担当，积极推动职业教育服务民族非遗技艺传承创新和经济社会发展。

柳州市第二职业技术学校进一步加快民族非遗文化职业教育向规模化、集约化、特色化、品牌化方向发展，带动全行业共同和谐发展，拓展校企合作，创新合作机制，增强职业教育带动民族非物质文化遗产服务产业振兴、为行业企业发展提供人才支撑。

学校打破传统课程体系，调整和改革课程结构与内容，将民族文化融入学校德育工作，在传承中既保护又创新，推动各民族师生广泛交往、全面交流、深度交融，筑牢中华民族共同体意识，全力维护民族团结和社会稳定发展。

学校贯彻落实精准扶贫政策，扶"志"与扶"智"。培育大量具有民族文化底色的技能人才，阻断贫困学生代际传递，充分发挥职业教育优势，通过职业技能教育提升民族贫困地区和贫困家庭的创业能力和致富本领。

一、引领区内外同类院校，牵头成立中职民族文化传承创新柳州联盟，促进校企合作、行业和谐发展

"侗寨·五娘"系列在传承创新非遗技艺、培育民族英才方面取得的丰硕成果，在非遗职业教育中所作出的贡献，获得全国同类院校、单位一致认可。2019年7月，柳州市第二职业技术学校牵头成立了中等职业教育民族文化传承创新柳州联盟并召开了"侗寨·五娘"文化论坛，国内22所中职学校参加，柳州市第二职业技术学校当选为理事长单位。2020年12月，作为七家牵头发起单位之一，柳州市第二职业技术学校牵头成立全国非遗职业教育集团，并当选常务副理事长单位。这些创新举措将集聚企业、行业、学校多方参与的发展理念付诸实践，汇聚各校集体力量，积沙成塔，搭建职业教育与民族非遗文化合作平台，实施资源共享，深化成员合作，实现共同发展，合力推进优秀民族非遗文化传承与创新教育的发展，推动全国各地区职业教育更好地

对接产业发展需要，积极探索集团化、规模化、集约化、连锁化的办学道路，打造民族非遗文化职业教育航母。

例如，与自治区级侗族打油茶非遗传承人郭朝阳创立的三江侗族自治县侗寨五娘文化发展有限公司达成校企合作、共同育人的共建模式，参与其公司承接的"三江侗族自治县旅游科技节"实景表演项目，利用学校专业团队力量，找出侗族非遗文化与现代文化的最佳契合点，用现代表现手法进行再创造，形成民族服饰品、民族工艺品、民族歌舞表演和民族饮食文化类等系列现代文创作品，打通产业化发展道路，打造三江旅游新名片。双向建立大师工作室，让"侗寨·五娘"文化在传承的同时安排学生轮流到基地实习实践，订单式培养学生，为企业源源不断地输送新鲜血液，实现学生、学校、企业三方共赢；开办首期全国职业院校非遗教师高级研修班，邀请教育部民族教育专家委员会委员兼职业教育专家组组长、教育部职业教育技术中心研究所原副所长余祖光，国家非物质文化遗产保护工作专家委员会委员、安徽艺术学院党委书记兼院长樊嘉禄等专家为学员授课。理论课程结合非遗项目实地考察和交流学习的培训让各校参加培训的教师受益匪浅，对非遗传承工作有了进一步深刻的认识。非遗教育知识与经验开放、共享、交流，既进一步促进了非遗职业教育的良性循环发展，又让中华非物质文化遗产得到了很好的保护、传承、弘扬和创新。

二、面向中小学普及侗族非物质文化，弘扬中华民族传统文化，筑牢中华民族共同体意识

"侗寨·五娘"系列先后开发出版了《侗族图案基础》《侗族图案应用设计》等民族非遗传承创新系列教材。针对不同年级学生，开设了广西民族服饰品设计与制作、民族服装工艺制作、侗族刺绣、民族舞蹈、侗族大歌、少数民族体育等民族文化教育相关课程，将丰富的侗族非遗特色教材资源有效对接相关专业，融入专业课程体系，发挥了优秀侗族文化技艺与专业技艺相融合教学的协同效应；搭建"侗寨·五娘"非遗校内研学平台和校外产商平台，构建形成一个政、校、行、企多方参与的侗族非遗文化实践共同体，以"非遗＋时尚""技艺＋文化""项目＋成果"为导向，将优秀侗族文化融入课程建设、艺术创作、校园文化、社会实践等育人环节之中；通过专业联动和系统的侗族文化技艺的学习，强化学生对侗族优秀文化的认知感；借助主题鲜

明的校内外侗族非遗技艺的文化交流和展示活动，调动学生的积极性，提高学生对侗族文化的认同感；通过组织学生参加丰富多彩的非遗传承活动，展现本民族绚丽多姿的文化风采，提升学生的民族自豪感，发挥侗族非遗德育功能，使学生将优秀的侗族文化内化于心、外化于行。

"侗寨·五娘"系列以课程教学为基础，以辐射带动为拓展，以成果展示为助推，坚持创造性转化和创新性发展，将"侗寨·五娘"系列作为培育树立学生的民族团结意识的主要载体，引导师生体验学习侗族非物质文化的同时，增强民族文化认同和民族自信，从而激发传承中华优秀民族文化传统的自觉意识。课余时间，各民族师生一起进行学习侗族刺绣、跳芦笙踩堂舞、唱侗歌、画农民画、玩背篓绣球等活动，一起学习民族技艺、感受民族文化魅力，培养民族感情，各民族师生在这场教与学中成为民族团结进步的受益者、宣传者、实践者。民族团结一家亲的和谐画面成为学校一道靓丽的风景线，为中职学校传承民族文化提供了积极的示范，为民族地区职业教育开展民族文化教育工作提供了启示与借鉴，助力学校获评"广西壮族自治区民族团结进步示范学校""柳州市民族团结进步示范学校"等荣誉称号。此外，"侗寨·五娘"系列民族教育教学成果成为学校民族团结教育的名片，全国 160 多所职业院校慕名到学校参观学习，通过体验式教学，激发各民族学生学习和传承民族技艺文化的兴趣，引领青少年学生做中华优秀传统文化的忠实继承者和弘扬者，累计受益学生 10000 多人次。

三、关注少数民族群体，实施教育扶贫、技能扶贫

"侗寨·五娘"系列深耕专业建设，创新育人模式，秉承"职业教育是民族文化传承创新的重要载体"的理念，积极开发地方特色少数民族文化资源，认真服务民族地区和少数民族学生。

帮助少数民族学子成才。"侗寨·五娘"系列高度关注广西原贫困地区生源的女学生，巩固拓展脱贫攻坚成果，通过与当地乡镇、村委联系，明确精准招收三江侗族籍贫困女学生，树立"培养一个，致富一家"和"民族现代女性"理念，成立特色民族班，以非遗民族文化技艺融合现代职业教育专业技艺为主要教学内容，实现精准招生、精准培养、精准就业，启迪民族贫困地区女性的自我觉醒和提升自我发展能力，

使她们大面积升入高校就读，或到发达地区就业创业，改变民族贫困地区对女性的传统狭隘意识，促进民族文化女性传承人队伍的发展和壮大。例如，学校侗美合唱团多次参加了在北京、安徽、广西等地的演出比赛，屡获一等奖；原创侗族非遗"侗寨·五娘"歌舞秀节目受邀在中国国际体育时装周、中越青年大联欢、柳州旅博会等大型活动中展演，获国内外高度关注和赞扬，让许多从大山里走出来的学子从自卑变得自信，更加明确人生目标，以优异成绩升学。

帮助贫困地区脱贫。"侗寨·五娘"以"培训一人、就业一人、脱贫一人"为目标，将非遗技艺传承与贯彻落实精准扶贫政策相结合，对当地的农村贫困户进行传统刺绣、针法变化、刺绣图案及刺绣技法系统学习与刺绣工具和材料培训，帮助他们在传承本民族文化的同时实现自身的脱贫。例如，在学校扶贫点柳州市融水县白云乡保江村、大湾村连续开设两期民族刺绣与手工培训班，共培训"绣娘""绣爷"59名，让贫困户学员体验学习技能和创作的快乐，把老师教的技能与本民族的特色结合，创作出新的刺绣作品，让有民族特色的刺绣作品走出大山，走进大都市，让更多的人了解民族刺绣，扩大知名度，达到技能脱贫的目的；"绣娘""绣爷"们设计的现代与传统相结合的《惊梦》《蜕变》《春暖花开》《吉祥宝贝》四个系列创新刺绣工艺作品，参加2021年由中国工艺美术协会主办的第56届全国工艺品交易会仿真植物及配套用品展暨2021"金凤凰"创新产品设计大赛，勇夺一金一银二优秀的好成绩，也将进一步推动刺绣延续商品属性、开拓民族刺绣市场、创造消费机遇、振兴乡村经济。

第六节 扩大了学校的社会影响力

柳州市第二职业技术学校精心打造的"侗寨·五娘"系列等民族教育教学成果作为面向世界的闪光名片，打响了学校现代传承育人模式在国内外的名声。

全国160多所职业院校3000多名师生慕名到学校参观学习，如重庆职业教育代表团、西藏那曲地区职业技术学校代表团、天津中德职业技术大学等。2018年学校获批全国中小学中华优秀文化艺术传承学校，被认定为广西民族服饰文化传承创新职业教育基地。2019年牵头成立中等职业教育民族文化传承创新柳州联盟，并召开了"侗赛・五娘"文化论坛，河池、荔波、海南等地22所职业院校入会。2020年学校牵头组织全国110余所职业院校在柳州成立全国非遗职业教育集团，并成功举办第一届全国交流研究会，将民族文化"柳州职教"模式持续推向全国。

2020年第一届中等职业教育民族文化传承创新柳州联盟"艺匠杯"非物质文化遗产创意设计大赛由柳州市第二职业技术学校主办，共有来自广西、贵州、西藏等地20多所职业学校约100件师生作品参评。全国各地学校的参赛作品异彩纷呈，各具特色，结合不同少数民族区域的文化特点，将传统非遗文化与现代文创产品完美结合，彰显了文化传承发展的时代潮流。大赛推进了中华民族优秀传统文化全方位融入职校教育，用当代的创作设计理念及艺术手法讲述了少数民族非物质文化遗产的故事，激发传统技艺活力，焕发非物质文化遗产的勃勃生机。

柳州市第二职业技术学校先后组织开展"文化和自然遗产日"民族非遗集市、非遗大师进校园等活动，吸引当地中小学校师生近距离感受非遗文化的深厚内涵，了解非遗项目的历史传承、工艺手法、制作流程、作品特点，体验非遗独特的艺术魅力，形成人人熟知非物质文化遗产、人人热爱非物质文化遗产的校园氛围。近年来陆续向柳州市各中小学送课进校30多场次，受益学生达10000多人次。

2019年、2020年在由中华职业教育社主办，教育部等单位指导的"黄炎培杯"中华职业教育非遗创新大赛暨非遗职业教育成果展示会中，学校斩获"非遗职业教育贡献奖"，非遗教学成果奖二等奖，非遗竞赛作品一、二等奖等10个奖项。"葫氣仔民族文化产品私人定制"项目斩获第三届广西中华职业教育创新创业大赛暨第四届中华职业教育创新创业大赛金奖。在第二届全国职业院校传统技艺传承与发展研讨会中，柳州市第二职业技术学校成为广西唯一一所同时拿下了"非遗教育传承示范"和"传统技艺传承示范"两个全国示范基地的中职学校，并在各项赛项中取得一个一等奖、三个二等奖、六个三等奖，合计十个单项奖，为学校民族（非遗）文化传承再添辉煌。

历经多年酝酿，学校倾心打造的"侗寨五娘""苗翎嫁娘"系列民族服饰先后受邀在新澳中国际时尚文化周进行展演，斩获了"最具文化品牌奖""最具文化影响力品牌奖""最具民族魅力品牌奖""最佳民族服饰创新设计奖"等多项荣誉。两个项目的主设计师陈美娟大师和韩晶老师均获"最佳设计师奖"，学校在国际上的声誉不断扩大。2019年，SEPR法国里昂职业技术学院专家到学校开展专业技能交流与教学

诊断等研讨活动，双方签订合作协议，实现了互访交流。近年来，学校接待了法国欧洲侍酒师学校，泰国唐恩技术学院、春武里技术学院、那空那育商业技术学院，日本熊本县高中代表团，印尼雅加达必利达三语学校等进行文化交流。

柳州市第二职业技术学校的民族非遗教育教学活动多次被中国教育电视台、《中国教育报》《中国职业技术教育》、学习强国、广西电视台等多个媒体平台宣传报道，共计 100 多次。

第六章 "侗寨·五娘"的社会效益

第一节 拓宽了民族教育的范围

柳州市第二职业技术学校是一个由汉族、壮族、侗族、苗族、瑶族等14个民族组成的和睦大家庭，2020年有在校学生10729人，其中少数民族学生6912人，占学生总数的64.4%。近年来，学校以习近平新时代中国特色社会主义思想为指引，落实立德树人根本任务，以培养高素质技术技能型人才为己任，形成了以柳州市为中心、面向整个广西民族地区重点产业、优势产业和战略性新兴产业的品牌专业，包括工程机械运用与维修、物流服务与管理、轨道交通、旅游服务与管理、航空服务、电子商务等品牌专业。

学校整合政府、企业资源，凝聚社会多方力量，与民族非遗传承人和企业联合创建了"侗寨·五娘""清花绣坊""柳州民族手作博物馆"等多个民族文化传承基地，开展教、学、研、产、商深度合作，打造立体化、交互式教育空间，实现了民族文化、职业教育与学科教学的有机结合。学校与"柳工""五菱"等诸多民族工业品牌企业开展深度合作，协同育人，向地方民族企业输送了大批技术型人才。同时，学校帮扶贫困学生，让学生掌握一技之长，感恩党、感恩祖国，投身于建设壮美广西的伟大事业之中。

学校兴建了同心园、民族服饰体验馆、非遗学堂、民族工艺美术实训室、农民画画坊等各民族共享的民族团结进步教育阵地，随处可见各族师生一起学习侗绣、制作民族服饰、跳踩堂舞、唱侗族大歌、画农民画、吹芦笙、编竹艺、玩背篓绣球等民族技艺学习和趣味竞技，民族文化在这里得到交融、创新、传承和发展。多样化的育人平台贯通学校、家庭与社会一体化育人渠道，引导广大学生在广阔的第二课堂中了解中华民族灿烂的多元文化，感悟民族团结进步、共圆复兴梦想的伟大精神，在厚植爱国主义情怀中筑牢中华民族共同体意识。

学校近三年资助学生达 27050 人次，为学生办实事，解决贫困学生和家庭的后顾之忧，绝大多数学生在当地企业就业或回到家乡自主创业，助力地方文化产业经济发展，实现"一人就业，全家脱贫"，彰显了职业教育隔断代际贫困的作用。与此同时，学校坚持开展技能扶贫，举办侗绣技艺等培训，在对口扶贫村组建"侗绣车间"，开办"少数民族流动人口民族技能创业培训班"，培训人数 4000 多人。技术扶贫提高了贫困地区和贫困家庭的自我发展能力，各族人民共浴民族政策的温暖，共享改革发展成果。学校师生还利用"直播带货"助推贫困地区农副产品销售，创新扶贫载体，把互联网空间建成促进民族团结进步、筑牢中华民族共同体意识的平台。

在柳州市第二职业技术学校，各民族文化交相辉映，各民族学生共居、共学、共乐，以"爱与感恩"为符号的民族团结进步同心圆覆盖整个校园，并通过每一个学生传递到家庭和社会。展望未来，学校将切实担负办学新使命，继续创新发展，用心用情培育能担当民族复兴大任的时代新人。

第二节　促进了民族地区的教育公平

广西大部分少数民族自治县贫困程度较深，地方非遗技艺面临失传境地，柳州市第二职业技术学校推动职业教育人才培养与非遗传承相结合是一项有益的创新探索，通过"侗寨·五娘"项目建设，培养学生习得一门可终生依靠的技艺，增强立足社会的能力，也为国内同类学校提供有益的参考和借鉴。

一、传承非遗工艺，创新特色办学理念

三江侗族自治县贫困人口多、贫困面积大、贫困程度较深，学校基于办学实际和三江侗族非遗文化构建非遗教育体系，主动参与地方文化传承与产业创新，建立广西职业教育民族文化（侗族服饰）传承创新基地，将非遗项目引入校园，实现将非遗项目传承职业教育化。依托基地建设，学校深入了解和挖掘侗族文化，对侗族的歌、画、茶、饮食等方面的非遗技艺进行了分类归纳，并且通过专业联动的方式，对侗族非遗技艺进行了体系化设计，将侗族大歌、侗族农民画、侗族打油茶、侗族百家宴等非遗

项目整体引入课堂，孵化出多元化非遗创新作品，创新打造成为集绣娘、歌娘、画娘、茶娘、厨娘于一体的"侗寨·五娘"民族文化教育平台。

二、"非遗＋扶贫"落到实处，助力贫困学子精准脱贫

柳州市第二职业技术学校高度关注广西原贫困地区的生源，精准招收少数民族贫困学生，树立"培养一个，幸福一家"的理念，成立民族班，创建民族社团，采取民族特色培养模式，提升民族文化技艺水平，切实提高贫困学生就业、创业和升学质量。近年来，学校每年招收侗族学生500人以上，约有三分之一学生升入高等院校继续深造，就业学生中有相当部分进入民族文创企业工作，每年约有10名学生选择回乡自主创业。通过接受教育，侗族学生全身心投入家乡的建设当中，提升家庭生活质量，使"扶贫、扶智、扶志"三位一体推动脱贫工作落到实处。

三、"侗寨·五娘"唱响一带一路，国际影响持续扩大

2018年7月"侗寨·五娘"歌舞秀惊艳亮相2018新澳中国际时尚文化周；2018年9月"侗寨·五娘"歌舞秀在中国－东盟博览会首演；2018年10月"侗寨·五娘"团队到意大利和法国进行国际文化交流；2019年6月受邀参加中国广西－越南广宁青年大联欢演出，让东南亚国家来访人员了解和领略了我国优秀的民族文化风采。"侗寨·五娘"团队一步步走向国际舞台，拓宽了发展空间。柳州市第二职业技术学校也成为广西壮族自治区内第一所将侗族文化技艺整体设计包装送出国门的中职学校。

第七章 非遗作品和相关研究

第一节 《侗寨五娘——歌·舞·秀》

创作意图：非遗原创节目《侗寨五娘——歌·舞·秀》，整个作品以三江侗族文化为主线，以侗寨女子劳作技能为表现载体，分别由绣娘、歌娘、画娘、茶娘、厨娘组成的"侗寨五娘"，用舞蹈、侗歌、侗族服饰三种艺术表现形式相互映衬来表现"侗寨五娘"之美，展现侗家女子用勤劳的双手和智慧编织着五彩斑斓的幸福生活。

创作过程：在作品创作过程中，前期到侗乡侗寨进行采风，了解侗族风土人文，有了初步创作构想之后与侗族传承大师多次交流，首先确立了脚本，通过六幕场景演出，运用舞蹈、歌唱、服饰秀三种艺术表现手法分别再现了"侗寨五娘"的生活和劳作，然后提出关于音乐创作、舞美创作、服装创作的要求，搭建创作团队整体完成作品创作，接着带领演员进行排演，最终完美呈现整个歌舞秀作品。

创作的独创性：本作品是国内少有的把舞蹈、歌唱、服饰秀三类艺术表现手法完美融合的非遗原创节目，整个作品的剧本、舞蹈、音乐、服饰、道具、舞美都由本单位人员原创，整个演员团队130人通过近半年的创作排演，2018年在中国-东盟博览会闭幕式首演成功之后，应邀参加各类演出20余场，深获好评。

剧目文字简介

第一幕 序——清晨

侗寨的清晨，太阳缓缓上升，万物苏醒。

侗寨五娘们用勤劳的双手和智慧，

编织了这个五彩斑斓的侗寨。

她们和劳动汗水一起成为侗寨的一张油画。

第二幕 劳动起舞

侗寨五娘，她们朴素的愿望，

就是让劳动手艺代代相传，

日出而作，日落而息。

在侗寨，深入骨髓的传统和习惯，

纯粹如侗寨的茶山、侗寨的秀水。

第三幕 侗族大歌

这是中国侗族一种多声部、无指挥、无伴奏、自然合声的民间合唱。

侗寨百姓个个能歌善唱，侗乡被誉为"歌的海洋"！

侗族大歌是"一个民族的声音，一种人类的文化"。

天籁之音，声声入耳！一首首久唱不衰的侗寨古歌！

第四幕 侗族歌舞

侗寨五娘跳起簸箕舞，把你的思绪带到山清水秀的侗寨，让我们重温侗寨的独特民俗，感受侗寨欢快的劳作场景！

簸箕舞，通过侗寨五娘们各种劳动姿态，晒米、晒谷子、晒花生、晒辣椒、采茶叶、打油茶、对歌，在欢快的旋律中，展现侗寨五娘使用簸箕的劳动画面。

第五幕 侗族服饰秀

【绣娘】

侗族绣女们的心灵手巧，智慧象征。

精细的手工刺绣，绝美的侗韵时尚，如今，这绣娘绝妙的手艺汇聚了中国自古以来的美与气质，融合当今的国际时尚美，轻柔润滑、赏心悦目！

【歌娘】

歌娘系列服装设计灵感来源于侗家山寨温暖的阳光，橙黄色调，普蓝色点缀，使服装色彩充满了活力，歌娘的时装被赋予灵感、思想、诗意！歌娘浪漫的山歌、情歌是灵魂深处绽放的花。

【画娘】

侗寨画娘系列服装设计灵感来源于时尚绘画艺术，点、线、面组合，以暖色调几何图形构成，简洁明了，富有幻想。

一笔一抹中，画娘女子心灵的涟漪，眉宇间的娇羞，已在画中春光四溢！

【茶娘】

茶娘系列服装的款式设计以侗族传统长衣短裙与现代款式的短衣短裙相结合，象征着侗寨茶山少女对美好生活的向往。茶娘满山满坡采摘的不只是茶叶，更多的是生活、是爱情、是时尚、是人生！

【厨娘】

以茶待客是侗寨交际的最高礼节。金黄的茶汤，葱花、阴米、花生、油果，一碗独具特色的侗族油茶在厨娘手中新鲜出炉。

一碗浓香的油茶，一场盛大的百家宴，自然而放、由内生发的侗寨韵味油然而生！

第六幕 尾声——侗·情

侗寨五娘风情万种地游走于绿色茶林、刺绣坊间、糯谷田头、飘香厨房、书香画廊，从而把今天的世界装点得百媚千娇、气象万千！

侗寨五娘，将为世界时尚带去更多的惊艳！

综述：整个剧目根据侗族歌舞、服饰、刺绣手工艺、农民画、三江茶、三江特色美食等方面的文化技艺特点展现"侗寨五娘"的文化概念，《侗寨五娘——歌·舞·秀》是对非遗文化及技艺的创新创作，它符合市场需求，契合当代审美，推动了非遗文化基因与当代艺术文化生活相适应，实现非遗传承与地方经济发展"双赢"。

第二节 "侗寨五娘"原创民族服装

　　柳州市第二职业技术学校师生自主设计制作的中国非物质文化遗产少数民族服饰主题——"侗礼"品牌"侗寨五娘"系列民族服饰受新澳中国际集团邀请，参加2018新澳中国际时尚文化周。2018年7月27日，在奥克兰国际会展中心成功展演。"侗寨五娘"作品共有7个系列，35套服装，服装设计款式以"侗寨五娘"（绣娘、歌娘、画娘、茶娘、厨娘）为形象，各具特色，以传承、创新为设计主线，巧妙地运用传统侗族服饰元素——百褶裙，侗绣，夸张的金、银头饰进行大胆创新设计，给观众留下了深刻的印象，震撼了所有观众，惊艳了整个会场。演出还未结束，新澳中国际时尚文化周组委会再次发出邀请，当天晚上加演一场——"新西兰名师专场"。同时也被邀请飞往澳大利亚悉尼，参加在悉尼奥林匹克会展中心举办的巡演。为期四天的"2018新澳中国际时尚文化周"巡展，轰动一时，被时装界誉为"跨越半球的时尚""中西文化交融的视觉盛宴"。该服装系列作品在时装周上荣获"最具文化品牌奖"；柳州市第二职业技术学校陈美娟老师荣获"最佳设计师奖"。本次成功展演积累了近年来服装美术专业教学改革的探索和思路。这是柳州市第二职业技术学校深入探索扩大教育开放、提高学校国际交流合作的工作思路的具体措施之一。今后学校将坚持内涵提升，特色发展，整体推进国际化发展战略，全力争取国际优质教育资源，加快国际化办学进程，打造国际化办学品牌，开创国际交流与合作新局面。

柳州市第二职业技术学校艺术设计系"侗寨五娘"品牌精描

各美其美，美人之美，美美与共，天下大同。

——费孝通·题记之一

中国南方，有一座现代智慧的工业城市，山水美轮美奂！

中国南方，有一座生态宜居的山水城市，工业拔山扛鼎！

这里，创新的思维与前瞻性从未停止！

这里，发展的脚步和驱动力越发铿锵！

——题记之二

【品牌释义】

"侗寨五娘"女装，鉴赏侗家刺绣、聆听侗族大歌、观看侗俗表演、感受侗寨风情、品尝侗乡美食。

【品牌风格】

"侗寨五娘"的创意和设计，来自对民族文化的认同。他们自觉地、直接地、本能地行走在自己的民族文化土壤和情感土壤之上。

【品牌理念】

"侗寨五娘"蕴藏着设计师们自身的直觉，以及有意识地提取运用侗族文化元素，将侗族文化的手工、形式、色彩与现代城市交汇，让情感、能量在此刻发生聚变，从旧的服饰语言中创造新的服饰语言。

【品牌文化】

"侗寨五娘"的使命：剪裁侗族多元文化，分享侗族美好体验。

"侗寨五娘"的形象：边走边唱，且歌且舞。

【品名定位】

"侗寨五娘"一名取自侗族日常生活中司空见惯的绣娘、歌娘、画娘、茶娘、厨娘。陈美娟介绍说，因为喜爱，所以起名叫"侗寨五娘"。品牌名的少数民族化，使"侗寨五娘"的定位更加明确，品牌理念更加清晰。这一定位为"侗寨五娘"的高识别度赢得了不少口碑。"侗寨五娘"在设计上夸张、大胆、突出个性。其理念是，服装不仅是一件装饰品，还要有内涵、有文化。本身赋予的故事、文化特征，一定会深化产品的内涵。

淋漓・鼎沸

赤橙黄绿青蓝紫，谁持彩练当空舞？

2018 年 7 月 29 日的新西兰奥克兰会展中心和 2018 年 8 月 5 日的澳大利亚悉尼华人同盟大礼堂，为同一件时尚界的演出盛事人气爆棚、沸腾了……

新西兰奥克兰会展中心举办的 2018 年新澳中（NAC）国际时尚文化周开场秀上，来自中国的非物质文化遗产少数民族服饰主题、柳州市第二职业技术学校的"侗礼"品牌"侗寨五娘"系列轰动了整个 T 形舞台——

7 个系列 35 套崭新的具有现代时尚感的"侗寨五娘"服饰设计款式以侗寨五娘为形象，巧妙地运用侗绣工艺及传统侗族服饰元素进行大胆创新设计，共分三个篇章——"缘""情""梦"，依次演绎了侗族服饰在近一个世纪以来，从染布、手工织布制作的土布时代到侗绣元素得以发扬光大的时代。T 形台上呈现充满侗族元素的"拦路迎宾""行歌坐月""出嫁婚庆"的风情，展现了侗族土布工艺蜕变发展为世界时尚元素的历程。

这是一股清新的酣畅淋漓的来自中国广西柳州的侗族风——

刺绣精致夺目、百褶裙灵动多姿、靛蓝色沉稳大气……由侗族传统图案和造型元素演绎的富有现代气息的时装，竖向穿越古今时空、横向跨越大洋国界，时尚的火花碰撞出精彩的创新话题！

"侗"感地带的旋律鼓点中，美艳的模特仿佛从中国、从柳州、从侗寨款款而来：美丽的银饰头花、传统的银褐色亮布面料……随着旋律流淌，美不胜收！古典和时尚融为一体的侗寨五娘女人味十足，且香芬，且柔情，且浪漫，让人迷醉！古典与现代融合，温婉柔美，优雅高贵！侗式图案，唯美、古典、高贵，美得淋漓尽致、绚丽多彩，让每一位侗娘显得仪态大方、绰约多姿！色彩从亚麻色、靛蓝逐渐过渡到浅蓝、姜黄，最后到艳丽的橘红、大红，款式从传统的侗族风格走向国际时尚的百褶裙、燕尾服、大哈伦裤、直身棉袍……再加上美轮美奂、造型张扬的金银头饰、服饰品，现代时尚的气息，震撼了所有观众，惊艳了整个会场。

时尚的国际秀场充盈了浓郁的侗寨大歌之风！新西兰观众如痴如醉！

应组委会的要求，"侗寨五娘"系列在奥克兰加演一场，此后再次受邀，在澳大利亚悉尼华人同盟大礼堂展出，再次收获满堂喝彩。

设计者——柳州市第二职业技术学校教师陈美娟，也开心地收获了"最具文化品牌奖"和"最佳设计师奖"。

"侗寨五娘"的幕后策划人——柳州市第二职业技术学校龙陵英等校领导频频点赞，对陈美娟老师这支团队的创新精神和行动力表示由衷地赞赏！

他们知道，这来之不易的一切是一场水到渠成的创新演绎！

惊讶·盛邀

2018 年 5 月，新澳中国际时尚文化周的总指挥、总导演、服装模特培训导师沙小丹女士来到柳州市第二职业技术学校，观摩近年来柳州市第二职业技术学校参加全国工艺美术大赛的作品。沙小丹女士被柳州市第二职业技术学校艺术设计系设计的侗族服饰大气、时尚、夸张的特色深深吸引，并为之惊讶！

她的艺术直觉告诉她，她发现了一座丰富的稀有矿藏。

她果断地发出盛情邀请，期待柳州市第二职业技术学校的侗族服饰参加 7 月底 2018 新澳中国际时尚文化周新服装专题展演！文化周展演旨在挖掘和推广中国、新西兰、澳大利亚三地青年设计师及原创设计理念，为三地时尚领域孕育国际化先锋力量与新鲜血液！

机遇·果敢

龙陵英校长敏锐地意识到，这是一个将理论课程的教学内容融会贯通，与社会展演、设计大赛、企业市场相结合的千载难逢的极好机会。面对这个将集中呈现三个国家文化背景下各具特色的时装舞台、被誉为"跨越半球的时尚"的平台，龙陵英校长和玉李雁副书记、刘春艳副校长毫不犹豫地接受了邀请，她们要把这次邀请当作挑战、机遇和检验！

侗魂·创意

要做就做透！要做就做精！

本着这一原则，龙陵英校长把思绪好好过滤了几遍。如何制定方案？如何具体实施？谁来牵头？谁来配合？最关键的是，参赛的主题是什么？

不得不说，"中国风"让龙陵英校长一直深深着迷——这些年来，中国元素被中外服装设计界广泛运用，更有西方服装设计师在挖掘古老东方璀璨而神秘的文化中获得惊人成功。而早在2009年，侗绣就被列入广西壮族自治区非物质文化遗产名录。侗族的文化艺术丰富多彩，有"诗的家乡、歌的海洋"之美誉。侗族女子擅长的手工艺品中的挑花、刺绣、彩绘、剪纸、刻纸、藤编、竹编名扬天下。

复活、保护、传承、发展和繁荣侗绣，那一定会是一段充满奋斗的故事。为此，柳州市非物质文化遗产代表性传承人、柳州市刺绣金奖获得者韦清花，于2013年被聘为柳州市第二职业技术学校民族传统手工艺专家，扎根学校指导侗绣课、织侗锦课……将侗族文化融入服装教学，通过挖掘传统工艺，结合现代教育技术，进行专业技术技能的传承与创新。

龙陵英校长主持柳州市第二职业技术学校工作以来，尽最大能力将侗族的服饰文化融入新的课程领域中，高起点、高标准、高质量地进行服饰设计类课程的建设，大力发展"技能大师工作室"。同时，安排陈美娟、张艳芬、吕涛老师一同编写了崭新的教材《侗族服饰款式设计与制作》《侗族刺绣与壮族织锦》，有所选择、有所侧重地给学生深度剖析三江侗族及本土其他少数民族的服饰文化内涵。

心系美好，并不是一句空谈。这些年柳州市第二职业技术学校持续在98个侗寨共招生2130人，帮助侗寨的孩子们构建独立认知体系，改变他们的生活方式，为他们带来如侗寨图案一般多姿多彩的未来。

由此，柳州市第二职业技术学校打造侗绣的产业化的教研发展战略一下变得清晰起来，柳州市第二职业技术学校的侗族文化教研地位也上升到了旗舰位置！

对于侗族美学意象的深入体悟，一系列全新变化一直在龙陵英校长的心底酝酿。她发自内心地说道："作为职业教育机构，无论从自身需要还是从履行历史责任来说，柳州市第二职业技术学校都有义务在本土侗族服装领域不断创新实践、提供教案示范。"

她说，此举也是希望通过参加这种国际性开放型活动，借机开阔一下柳州市第二职业技术学校的国际化视野，从另一个角度反观传统民族服饰在现代的传承途径。

为此，龙陵英校长带领老师和学生多次深入侗寨采风和教研。作为本土教研机构的专家型领导，对于柳州这片土地的民族文化，龙陵英校长有着深厚的感情，她说："我们柳州有这么丰厚的民族文化底蕴、这么丰富的民族资源，如果能够好好挖掘，就是宣传柳州的一张靓丽名片！"

柳州市第二职业技术学校师生在侗寨采风时发现，侗寨女子头上盘着发髻，额前绑着白织巾，身上穿着褐色的衣裙，衣襟、腰带、领子、袖子上全都绣满了漂亮的图案，包括凤凰、喜鹊、蝴蝶、太阳花，有着天生的自信从容。侗寨女子之美源于内而形于外，她们从不遮遮掩掩，总是能勇敢大方地追求美丽与时尚，摇曳多姿地展示着女性的妩媚妖娆，彰显了侗寨女子独有的气质。

边走边唱、且歌且舞的多彩生活展现出了侗寨女子独特的魅力，是睿智的自然流露，是一种静水流深的境界，更是她们对生活充满的一种精益求精的态度。侗寨女子在一举手、一投足、一回眸、一颦一笑间显露出独特魅力……而这恰恰也是侗寨女子的生活理念——讴歌劳动、尊崇纯洁、展示自信、崇尚自然，对精致卓越生活的追求。每一位侗寨女子都是侗寨的天使。她们活泼而恬静，并拥有一颗自由不羁和热爱生活的心。每当看到侗寨女子游走在山川草原之间，都能深深感受到她们独有的气息：独立、美好、纯净。

心灵手巧的侗寨女子，她们凭剪刀和纸将各种图案纹样剪刻出来，然后粘贴在布料上，绣制出形形色色的精美的图案，装饰衣服和织品。此外，侗寨女子风情万种地游走于绿色茶林、刺绣坊间、糯谷田头、飘香厨房、书香画廊，把世界装点得百媚千娇、气象万千，展现了侗寨美、中国美、东方美！

通过采风，龙陵英、玉李雁、刘春艳把教师们召集起来，你一言我一语，大家把这种独特的系列生活细分为五类，这就是绣娘、歌娘、画娘、茶娘、厨娘，合称"五娘"。

一个个美丽的女子形象跳进话题，又落入笔端，她们勤劳、果敢、坚忍、包容，这就是"侗寨五娘"！

一个美丽侗寨的中国梦愿景和群体形象跃动在龙陵英和她的同事们的脑海中。因多元而精彩，因融合而升华！一个新的形象栩栩如生，一幅新的图景徐徐展开，一个新的品牌正在孕育。

一页新的篇章就此翻开！

团队·琢磨

龙陵英校长的"侗寨五娘"创意一下子点燃了文化旅游系、艺术设计系技能大师们心底埋藏多年的灵感火种！

柳州市第二职业技术学校有张慧、蒋科、韩晶、吕涛、伍依安、李海辉、陈美娟、徐娟等一线名师、大师，他们多年的经验积累让龙陵英校长有在学校创立品牌的信心，并着手准备。于是，柳州市第二职业技术学校大师工作室孵化机制将文化旅游系和艺术设计系推到了前沿。这是一个精干而专业的团队。用龙陵英校长的话来说，天时地利人和，时机使然。

龙陵英校长想，必须鼓励更多有才华、有抱负的团队创立品牌，她相信在不久的将来，世界流行的指标也会以中国马首是瞻。龙陵英校长相信她手下的团队一定会不负众望！

因此，这次参赛的创新，贵在努力挖掘曾经"养在闺中"的传统民间手工艺的市场价值，结合现代时尚元素，让传统服饰的精髓得以继续发扬光大。

龙陵英校长希望这次参赛能够展现里程碑式的意义！

文化旅游系和艺术设计系感受到了这个创意沉甸甸的分量。时间紧、任务重，学校老师立即进行讨论研究，最后，服装设计攻坚的任务落到了陈美娟老师肩上，其他老师进行全方位的支持和助攻。

陈美娟扬名八桂那早已经是一段段舞台往事了！毕业于广西艺术学院的陈美娟，现在是服装设计专业高级讲师、服装设计定制工技师、高级"双师型"教师、柳州市美术家协会会员、广西民族技艺职业教育教学指导委员会委员。龙陵英知道，陈美娟最擅长的就是把民族色彩理论知识融入现代服装设计中。她主持的"广西少数民族服饰制作课程建设与教材开发"课题研究，荣获柳州市教学成果一等奖；主持研发广西侗族服饰款式设计，主持编写了《广西少数民族服饰制作——侗绣与壮锦》《汽车内饰设计与制作》《侗族服饰款式设计与制作》特色校本教材，可谓硕果累累。

30 多年来，陈美娟老师一直扎根在柳州市第二职业技术学校，源于她对学校的热爱，源于她对自己专业的那份专注，更源于她对自己专业的定力。这些年来，陈美娟老师带领学生多次深入三江侗族自治县的村寨，不断深入挖掘侗族文化，"有了深厚的根基，才能更好地创新升华"。陈美娟老师几十年如一日地潜心研究侗族文化，比如，每一种工艺——侗绣、织布、染布、织锦、侗裙制作等，每一种图案和图腾——凤凰、蜘蛛、螃蟹等，她都了如指掌，烂熟于心，并将这些融会贯通到自己的设计中；深入侗寨采风，现场学习观摩，再根据这些侗族的美学意象，创作出服饰、茶席、灯具等系列作品。

陈美娟善于将传统的侗族服饰引入时尚，给人带来浪漫、唯美的视觉享受。设计当中不为了炫耀而追求华丽，她擅长用柔美简洁的设计语言表达现代时装理念，将时尚流行色彩、线条剪裁与侗族服饰进行完美的结合。

创作作品服饰手工艺品《溯源》荣获 2016 年"品味侗情，创意三江"旅游商品设计大赛三等奖。

服装设计作品《偶遇》、系列服饰品《溯源》荣获 2016 年广西工艺美术作品"八桂天工奖"铜奖。

服装作品《侗歌》荣获 2017 年柳州市工艺美术作品展银奖。

针刺纤维艺术作品《追忆》荣获 2017 年全国工艺美术作品"百花奖"铜奖、广西工艺美术作品展银奖。

服装设计作品《侗歌》荣获 2018 年中国工艺美术深圳"金凤凰"金奖。

系列茶席《侗魂》荣获 2018 广西工艺美术作品"八桂天工奖"银奖、柳州市工艺美术作品展银奖。

"让侗族服饰文化拥有自己的大品牌"是陈美娟多年坚守的理念，"把侗族服饰文化带向国际发扬光大"则是陈美娟一生追求的理想。

学校领导的一番话和"侗寨五娘"形象创意深深地打动了陈美娟。机会就在面前，再忙也要抓住它，再累也要把握它！努力，努力，再努力，不为别的，就为柳州市第二职业技术学校，就为侗族服饰！

时间紧迫，陈美娟老师按照校领导的想法，开始反复思考，反复琢磨，从生活的点滴中寻找灵感、构思和创意！

　　银帽、银项链、银围腰、黑色侗布、三种颜色的帕子（蓝、青、白）、背带、围腰、被面、帐篷、头巾、挎包、钱袋、鞋帽、口水兜、鞋垫、鸡毛裙、侗锦、衣带，还有日月星辰、花鸟鱼虫等这些与侗族人朝夕相伴的自然万物演变的鹭纹、回字纹、云雷纹、太阳纹、圆钉纹等图案，总是让陈美娟很着迷，同时也给她启发。陈美娟执意将这些元素融入作品中，从中寻找灵感，通过绘画、刺绣、镂空，将这些立体的艺术在"侗寨五娘"时装中表现出来。

　　一旦有好的想法和灵感，她就马上画下来，而且常常同时画出七八个方案。陈美娟老师带领着兰伟华、覃丽霞、卢星老师不断地探讨研究，设计了 7 个系列 35 套具有时尚感的"侗寨五娘"系列服饰，这是老师们多年来服装设计教学积累的厚积薄发。

　　为了将这些精美的设计制作出成品，陈美娟老师带领兰伟华、卢星、覃丽霞三位老师进行图案的前期整理和后期重组设计，并带领学生给绣片绣上精致的花纹。虽然绣花的过程很是枯燥和艰辛，每晚结束工作后，师生们都很疲惫，但他们期待着这些有价值的、精美的绣花被欣赏、被认可。

　　完成绣花、激光雕刻环节后，服装及饰品制作团队的覃丽霞、陶静、黄国燕、杨小钦、韩晶等老师和服装专业的学生们在工艺室埋头苦干。与此同时，宁方方老师带着几位美术专业的学生顶着高温，在金工工作室做饰品。陈美娟拿起了画笔开始设计，画设计稿，一幅幅精美的服装效果图，渐渐展现在大家面前……

　　从确定灵感到设计，到挑选面料、确定工艺，需要不断地进行调研和实验。龙陵英校长、张礼全大师经常到工作室出谋划策、指点方向、鼓舞士气。因此，陈美娟团队更加努力，利用周末和工作日中午、晚上等休息时间克服重重困难，他们饿了就在工作室吃，困了就在工作室睡，不断创新设计，最终以传统的"侗寨五娘"服饰文化元素，创新设计了具有现代时尚感的"侗寨五娘"服饰系列作品，一切都显得那么自然！

　　和同道、和学生、和侗族图案与民间故事做伴，正如陈美娟所言，在"侗寨五娘"中，你所能感受到的不只是布质的时尚，更多的是有温度的情感交流、创意互换、知识传递！

　　一张张精美的服装设计效果图，经过团队一个多月的坚持、努力，终于以实物的形式呈现在大家面前。

突破·绚烂

设计样式甫一亮相,龙陵英校长和老师们都惊呆了。

从细节可以看得出,陈美娟老师熟练运用夸张、逆向、转移、增删、联想、移用、派生等方法,将传统的从造型、结构、色彩、肌理等形成的装饰纹样进行重组及方案设计,使服装设计突破传统工艺和材料的限制,进行现代纹样设计,与时俱进,既有高深的理论研究价值,又具有很强的应用实践性。于是,"侗寨五娘"在时尚潮流中泛起一片涟漪,侗族古老的艺术元素因被嫁接了新的时尚基因而焕然一新!

大家一致认为,目前这是一组与侗族呼吸和心跳最近、最合拍的时尚服饰。这是一组融合侗族文化意境与当代美学所打造的回归侗族生活方式的潜心之作。细部呈现原汁原味的古意,大处表露创新创意的时尚,不着一字而尽得风流。刺绣与亮片的完美结合,不仅仅是视觉上的享受,更是设计上的突破,让人感觉一下子便走在了时尚的前端。她隶属于一段历史、一类文化、一片土地,但她不断蜕变,表现出来的色彩、质地和形式属于新的视野。

"侗寨五娘"这组奇美的服装是在表达什么呢?

"侗寨五娘"对侗家刺绣、侗族大歌、侗族美食、侗寨春茶、侗乡美景的深入刻画,无一不栩栩如生、令人惊艳,是对侗族人民边走边唱、且歌且舞的生活、劳动场景的最美表达。五娘沉静的气质在时装的映衬下越发动人,成了一道让人不禁驻足欣赏、叹为观止的美丽风景!"侗寨五娘"会不自觉地叩动你的心弦、牵动你的呼吸,让你情不自禁地走近去感受一番。

在款式造型上,陈美娟大胆地将具有现代时尚感的长裙、大裙裤、大灯笼裤、小斗篷一一呈现在大家的眼前,创新而夸张的大袖子、低领子让人耳目一新。

在服装材质上,陈美娟采用现代混纺亮光丝材料进行精心制作,加上舞台采光的华丽效果,令人目眩。

细细审度,龙陵英校长惊喜地发现,陈美娟保留了侗族服饰的百褶裙、小立领、连衣袖、侧门襟、宽口袖、阔腿裤等款式造型,精心挑选各种各样的图案,保持了侗族刺绣的花鸟虫鱼等吉祥物,一眼望去,侗族服饰的完美记忆和风格特点历历在目。

在色彩上，陈美娟打破了青、紫、蓝、白的民族传统色的限制，创新地以红、黄、绿为主色。

五位女子又如何区分呢？

绣娘粉红色上衣与传统朴素的宝蓝色撞色，既有现代服饰的妩媚多姿，又有传统色彩的朴实大方。生动的对比色不仅增强了视觉冲击力，也再造出鲜活的侗族味。

歌娘玫红色系，朴素的宝蓝色与金属银组合在一起，稳健华丽。

画娘以暖色调几何图形构成，简洁明了，富有幻想。

茶娘以绿色为主，象征着侗寨遍山的茶树，生机勃勃；服装上的金黄色图案表现了茶与花的浓香。

厨娘暖黄色调，代表着侗寨特色食谱——三江油茶名扬四海，服装上围兜的色彩体现了厨娘厨艺高超、勤劳干练。

"侗寨五娘"系列服装艳丽的色彩象征着侗族五娘生活干练、热情奔放。

"侗寨五娘"的创作，反映了自身梦想的结构图画；"侗寨五娘"的表达，发现了我们隐藏的记忆因子；"侗寨五娘"的表述，体现了侗族文化的内核印记。

"侗寨五娘"用美学简化未来，用时尚梳理现在，用生活还原本真，瞬间击中心灵，让人产生共鸣。

"侗寨五娘"设计成果对侗族古老艺术元素的深入体悟，对充满了东方美学的侗族元素的运用和一系列全新变化，充分展现出陈美娟团队对侗族文化的深入钻研与创新发展！

面对陈美娟老师心血凝成的作品，大家充满自信地、会心地朗笑开来！

璀璨·完美

一步一个脚印，最终，集聚了整个团队智慧和汗水的"侗寨五娘"系列服饰登上了新澳中国际时尚文化周的大舞台，分别在奥克兰国际会展中心、悉尼奥林匹克会展中心闪亮登场。

"侗寨五娘"系列服装从灰暗到艳丽，从沉静到张扬的色彩设计，惊艳了整个会场，一举获得了组委会颁发的"最具文化品牌奖"，陈美娟老师荣获"最佳设计师奖"。

他们用时尚的服饰编织着一个共同的梦！他们有着对色彩、自然、情感共同的热爱与表达，共同分享内心对侗族文化生活的感动和喜悦。

"侗寨五娘"最想表达的是多姿多彩的侗族生活。

"侗寨五娘"不是凭空而来的。"侗寨五娘"觉察本体、回归本体，展露侗家真性情，是对自身生活的提炼，是持久的热爱，还是一种尝试与开始的锐气。

"侗寨五娘"唤醒梦想和激情，让全程参与设计制作过程的学生们好奇、探索、创造、热爱一切美好，给学生们带来无穷的惊喜和崭新的视野。"侗寨五娘"是柳州市第二职业技术学校教研的一个创新与传奇、一次秋后硕果。以项目品牌为驱动，以设计创意为导向，以新情境、新语境、新环境创建新课程教学。学生"做中学、学中做"，学生的时尚眼界拓展了，学生动手能力增强了，尤其是他们处理信息、与人合作、创意革新等核心能力大大提高了。

"侗寨五娘"走的是民族国际化的时尚路线，民族神秘特征与时尚都市的个性在冲撞的激情中，更多的是把侗族服饰的手工、形式、色彩进行了梦幻般的延伸。

"侗寨五娘"的风格是民族与时尚融合，用侗族最原始的图案和造型制作出包含侗族元素和时尚设计结构的服装。"侗寨五娘"站在一个制高点来做民族传承与时尚突破结合的服饰引领者，让人们感知"侗寨五娘"的无限情感和跳动的脉搏。以侗族女子的特点命名的品牌已经成为侗族文化开始走向世界舞台的见证。

从"侗寨五娘"的外表，可以看到它深刻的中国侗族的烙印。从民族属性看，"侗寨五娘"是自然、和谐的象征，是中国传统文化的代表，反映了中国人的民族自信心和民族自豪感。在提倡振兴民族工业、弘扬民族文化、铸造民族品牌的今天，从这些角度引发话题容易受到关注，从而可以轻松实现品牌的爆炸性传播，其推崇的价值观也会得到更多体现。

"侗寨五娘"代表着侗族的价值观、个性、品位、格调、生活方式和消费模式，这是因"侗寨五娘"独一无二的创意设计吸引而来的。"侗寨五娘"还包含了深层的文化底蕴，她是有生命力和扩张能力的，可以从外在看到本质，是民族文化精神的高度提炼和人生美好价值观的共同升华，凝结着时代的精髓。

"侗寨五娘"保有对侗族文化的崇敬。"侗寨五娘"不只是一组衣服，还是一种对时尚的认知、对生活品质的认定和对自身审美的自信！

内涵·未来

如何让美轮美奂的侗族元素服装走向世界的舞台？如何用独特的金针银线缝制出当下的潮流？

"侗寨五娘"将侗族传统文化和时尚元素进行碰撞，在设计中释放侗族民族精髓，找到了课题答案。经过设计师陈美娟重新设计，侗族服装被赋予了新的时尚生命，或许"侗式美学"不经意间会成为世界的时尚风向标呢？在文化和艺术的熏陶中逐步成型的一件件让人赏心悦目的设计作品，在学校领导团队的命题作文中，穿越古今，跨越中西，让古老的侗式服装美学在新式的剪裁、面料、技术的配合下熠熠生辉。

站在时代的高度进行综合创造，这样设计出来的作品自然地流露出东方文化气韵，既是民族的，又是世界的。"侗寨五娘"的立意充分体现了设计者的文化自信。

龙陵英校长讲述起创意初衷："我们熟悉身边的侗民族，我们一定要支持本校的设计师原创力量，让中国创意走向世界。"经过不断地打磨和碰撞，深远的文化主题、健康的审美取向、强大的文化自信，便开始袅袅娜娜、源源不断地呈现在舞台上。"侗寨五娘"正以一种"样本式"的探索，引发着校园和诸多时尚领域的关注。

世界看到了侗寨，侗寨惊艳了世界，世界由此爱上了中国！

玉李雁副书记感慨万分："此次柳州市第二职业技术学校创意"侗寨五娘"参演获得成功，再次说明服装设计中对本民族优秀传统文化的学习和传统文化素养的深厚积累，对一个设计师来说是何等重要。"

"服装专业的国际化办学路径是走出去，在世界的舞台上传播我们的民族文化。这次在国际上获得大奖，实际上是学校多年的内涵建设经过沉淀后爆发式地呈现。"主管学校国际化的刘春燕副校长自豪地说。

想要创造出特色与风格，设计师们应该结合所处的文化背景去思考、去融合、去创造，将新的理念融入环境进行文化创造，这就是新的时尚。

因此，加大对民族服装服饰产业的政策引导和资金扶持力度，通过组建民族服装服饰创意设计人才团队、开展技能培训、组织竞赛展示活动、创建示范基地、加大宣传力度等措施才能推动民族服装服饰产业创意设计水平不断提高，制作工艺水平不断改进。近年来，柳州市第二职业技术学校充分考虑区域经济发展特点，创新性地推行

中西兼容的多维式教育，从专业设置、人才评价标准、课程建设、组织形式以及办学模式等维度践行国际化办学的教育理念。汽车营销、汽车制造与检修、工程机械、物流服务专业，采用国际化办学的模式，成为柳州市的试点。

这几年来，柳州市第二职业技术学校重视民族文化教育，并将其作为学校德育建设落地的一个项目和抓手，通过专业联动来做大民族文化教育的品牌，将美术服装专业的侗族服饰教学扩展到艺术专业的侗族大歌、侗族琵琶演奏，工艺美术和学前教育专业的美术课程，旅游服务与管理和航空服务专业的茶艺等。学校着重培养侗族的绣娘、歌娘、画娘、茶娘、厨娘。

"侗寨五娘"品牌打响，侗民族文化在大洋洲秀场上熠熠发光、在国际舞台上初露锋芒。龙陵英校长感慨万分，这就是柳州市第二职业技术学校国际化办学理念让侗族文化走向世界的一次尝试和回报！

同行们都知道，侗族服饰是研究侗族社会经济文化的"活化石"与"无字书"，是一笔巨大的财富，是中华文化宝库中的一颗璀璨明珠。

侗族服饰独特而优美，可在现代社会发展中侗族服饰文化受到冲击。作为柳州本土的教育机构和文化基地，加大对侗族服饰及其文化的关注，加强对它的保护，将侗族服饰纹样及其文化推广发扬，这既是我们的责任，也是我们的担当！

民族的才是世界的，我们要坚定文化自信，坚守中华文化立场，传承中华文化基因，展现中华审美风范，创新中华文化元素、文化形象、文化符号的传达方式，向全世界充分展示中国的良好形象。

中华上下五千年的文化，能用时尚的方式来演绎的内容太多了，柳州侗族服饰文化就是中国时尚颇具代表性的作品，可惜我们这些传统精粹被世界知道的还太少，我们更缺少一个与世界时尚交流和展示的平台。

我们非常希望能有更多这样的时尚平台，让全球的时尚资源、产品、人才、技术在这里交流。更重要的是，通过与全球各大时装周的联动，让中国更多有代表性的民族服饰文化走出去，在世界时尚的T形舞台上一现芳华、一展姿容！

在侗寨五娘团队心中，有一个梦和期待："侗寨五娘"将为世界时尚带去更多的惊艳！

"侗寨五娘"的解读

【一】侗寨五娘之绣娘：赴金针银线的约会

一袭侗寨清风，轻轻展开绣娘的远方美梦。

一袭幻梦华衣，朦胧留下侗寨婀娜的步履。

绣娘心绪，缥缈如云雾！绣娘侗装，惊艳似满月！

绣娘粉红色上衣与传统朴素的宝蓝色撞色，既有现代服饰的妩媚多姿，又有传统色彩的朴实大方。世界看到的，是一种渗入骨髓的妖娆。这样一针一线刺出的绝妙刺绣，让人相信，服装有情有意！

每一根针都会挑出一句情，每一根线都会恋上一丝意，侗寨女子最深的爱，透过她的绣品传递出来，最深也最含蓄。绣娘用心去感知，用心去理喻，轻轻地言，细细地语，一针一线都是超乎寻常的欣喜。

精细的手工刺绣，绝美的侗韵时尚，如今，这绣娘绝妙的手艺汇聚了中国自古以来的美与气质，融合了当今的国际时尚美，轻柔润滑、赏心悦目！

【二】侗寨五娘之歌娘：赴情歌的约会

侗乡被誉为"民歌之乡"，至今还传承着"行歌坐夜"之古风。大歌、琵琶歌、侗戏、侗歌、哆耶、芦笙曲最受人们喜爱。尤其是侗族大歌，以其神奇的多声部合韵，名扬世界。

侗寨没有不会唱歌的女子！

侗寨的女子天生就是歌神！

歌娘这套时装属于玫红色系，朴素的宝蓝色与金属银组合在一起，稳健而华丽。玫红色、宝蓝色、金属银，代表高尚、尊贵、纯洁、永恒，象征着洞察力、灵感；银色时尚而有张力。

歌娘之音仿佛宇宙中缥缈的从未谋面的天外来客，带领你进入那奇异空间，温柔倾诉……歌娘的时装被赋予灵感、思想、诗意！歌娘浪漫的山歌、水歌、情歌，是灵魂深处绽放的花！

歌娘丰富而美好的歌声点缀了诗意的生活，构筑出情感的梦江山！

【三】侗寨五娘之画娘：赴画中画的约会

侗寨画娘这组时装，是以暖色调几何图形构成，简洁明了，富有幻想。

一帧帧细腻、平整、构图疏朗的画让世界惊喜！

一幅幅圆润、明快、内容独特的图让世界感叹！

侗寨画娘的作品，构图不受时间和空间的束缚，色彩不受自然真实的局限，形体不受常规比例的制约。其大胆地运用夸张变形的艺术手法，虚中见实、土中见雅、拙中见美、风格鲜明、乡土浓郁。

画娘把所有的心思都隐藏在这画里图中，于是一笔一画都饱含深情；画娘把所有的情思都给了侗山侗水，所以一抹抹色彩都是依恋！

这一幅美丽的作品，为侗寨的山山水水增添了一道风景。

一笔一抹中，画娘女子心灵的涟漪，眉宇间的娇羞，已跃然于画中！

【四】侗寨五娘之茶娘：赴春山春茶的约会

纤指轻轻弹，春山摘进玉盘！

淅沥采茶声，茶娘笑醒茶神！

茶娘的盛装以绿色为主色调，象征着侗寨遍山的茶树，生机勃勃，服装上的金黄色图案表现了茶与花的浓香。

采茶的侗寨女子，她低眉采茶的姿态恍若云端仙子，千百种情绪都化为指尖的一缕缕芬芳，无语胜似千万语。懂她，便懂她纤纤十指下的每件心事。茶娘如花绽放。她的音容妖娆于茶山，她的笑貌缠绕于茶山，劳动的身影，在流年似水的季节里缓缓走来，低吟浅唱。茶娘满山满坡采摘的不只是茶叶，更多的是生活、是爱情、是人生！

【五】侗寨五娘之厨娘：赴百家宴的约会

暖黄色调是厨娘服装的主色调，代表着侗寨特色食谱——油茶名扬四海，服装上围兜的色彩体现了厨娘厨艺高超、勤劳干练。

厨娘用浓香的油茶在拦路迎宾！

厨娘与远方的宾客共享油茶盛宴！

以茶待客，是侗寨交际的最高礼节。金黄的茶汤，葱花、阴米、花生、油果，一碗独具特色的侗族油茶在厨娘手中新鲜出炉！

远近闻名的侗族百家宴，又名"合拢饭""长桌宴"，在侗寨已有数百年历史。侗族主食大米，多食糯米。侗寨厨娘的厨艺高超，侗寨美食味道酸辣、醇芳可口。侗寨美酒多以糯米酿成，酒的度数不高，但酒性持久。酒是待客不可缺少的美味。

一碗浓香的油茶，一场盛大的百家宴，集聚的是鲜香醇厚的美食，浓缩的是侗乡风情醉人的特色文化，呈现的是温暖团圆的节日氛围。

第三节 "侗礼"文创品牌汇

一、民族产品"侗礼"实施背景

柳州是一个具有悠久历史文化的少数民族聚居地，民族风情浓郁，文化沉淀厚重。以柳州特有的民族文化特色为教学主题，充分利用加快柳州"十三五"文化旅游产业发展的契机（文化结合旅游，打造旅游品牌；全国职业教育与应用成果博览会；联动相关文化、服饰、特色产品，精心制作一批有影响力的工艺品等旅游宣传品）服务柳州产业经济，服务柳州"十三五"发展规划，改变柳州文化产业薄弱滞后的现状，为提升柳州的文化软实力服务。柳州市第二职业技术学校作为传播文化知识、培养技术技能型人才的地方，更应义不容辞地承担起弘扬与传承柳州少数民族文化的责任。

三江侗族自治县是柳州市重点打造的民族风情旅游名区，具有历史悠久、绚丽多姿的侗族风情和服饰文化，其中三江侗族刺绣是自治区级非物质文化遗产之一。侗族服饰文化对我国服装行业以及其他文化创意相关行业的设计创意创新有巨大的研究价值，是一笔非常丰富的服饰及文化创意资源。随着社会经济转型冲击，传统侗族服饰受众面变窄，掌握绝活的民间艺人年事已高，当地年轻人不愿意学，精通侗族服饰工艺的人越来越少，侗族服饰文化的传承面临后继乏人的现状。因此，将传承民族民间文化与市场结合、精美的传统文化与现代审美结合，改革传统的手口相传的被动等待学习者的技艺传承教学模式，成为侗族服饰不得不面对和解决的问题。

一直以来，学校通过政府扶持，聘请非物质文化遗产代表性传承人、工艺美术大师参与，与从事民族文化旅游、服饰生产销售的多家公司联合，调动和集结多方面优

质资源，共同在学校建设民族服饰（侗族服饰）文化传承创新职业教育基地，以现代学徒方式共同培养民族技艺传承人，共同研发民族文化产品，开展各种推广、宣传活动等。

二、"侗礼"品牌文创产品的主要目标

以服装设计与工艺专业为主干，把侗族（民族）服饰文化传承及创新主题作为专业横向延伸的基因链，研发民族特色手工艺品，提升侗族服饰工艺品质，研发出具备侗族文化元素的现代民族服饰品、民族旅游商品及装饰工艺品等系列作品，探索民族工艺产业化发展途径。

三、"侗礼"品牌文创产品工作过程

（一）成立工作室作为工作载体

学校通过聘请非物质文化遗产代表性传承人、精通民族技艺的大师参与，联合专业教师成立研发团队——陈美娟民族服饰工作室。

坚持问题导向原则。工作室的核心动能是研发民族特色手工艺品，提升侗族服饰工艺品质，而研发的过程就是不断创新的过程。学校对技能大师工作室的活动模式定义为工作室要围绕学校的技能人才培养和工作中的重点、难点问题开展专业攻关、专业革新、专业交流、技能培训、管理创新和发明创造等活动。工作室只有不断组织开展专业攻关、产品研发、交流竞赛等活动，切实解决本专业发展、人才培养模式等瓶颈问题，才能获得行政的支持和认可。为此，在每一个工作室创立初期，我们首先提出的问题是，工作室要解决的问题、创新研究的课题是什么？要实现什么目标？主要措施有哪些？工作室的创立起点、标准要高，坚持实事求是，不拔高、不凑合、不脱离实际。因此，带着问题去创新，带着强烈的动机去探索问题，更能激发工作室的主观能动性。

（二）通过成果转化，开发品牌产品

坚持创新创效原则。工作室的成果体现就是创新创效。陈美娟民族服饰工作室项目通过成果转化，大大加快了项目进程。比如，在"尖荷"行动中，邀请行业内顶尖的设计师带领学生进行灵感碰撞，开发了"侗礼"品牌形象。

技能大师工作室活动的最终目的就是将创新的成果运用于学校教学生产中，在教学的实际过程中引领老师、学生团队迅速贴近市场，实现和市场无缝接轨，完成职业教育的本质目的，这是技能大师工作室活动开展的主要意义所在。

（三）开创平台，深挖人才

坚持重心下移原则。专业的创新力来源于学校广大教师队伍，充分开发教师团队的创新力可以有效提高学校专业的创新力，有效实施技能大师工作室活动就是为了在工作中发现那些富有创新精神的优秀教师，通过技能大师工作室这个平台，让这些积极上进、富有创新精神的教师充分发挥自身才华。技能大师工作室活动重心下移，可以深度挖掘这些富有创新精神、有领导能力的优秀老师，在以后教学活动中，这些有领导能力又有创新意识的老师能够起到领头羊作用，带动周边的老师加入工作室活动中来，形成良性循环，强有力地推动学校教学的改革和专业的发展。技能大师工作室以教师个人名字命名，让老师成为主角，让普通老师"出人头地"。工作室由一名在专业、业务方面有专长，有一定的理论知识水平、工作经验和创新能力的优秀教师或高技能人才为负责人，组成专业团队开展工作，进而把更多的教师吸引到工作室活动中来，使工作室始终充满活力。工作室的重心下移，发掘全体教师的创新智慧和潜能，全面推动教学改革创新工作，成为学校积极探索和实践的主题。

（四）严格管理，完善机制

坚持动态管理原则。学校严格按照《柳州市第二职业技术学校大师工作室管理办法》对每个工作室实行动态管理。为了使这项工作能够持续有效地开展，学校对原有工作室进行梳理。通过严格的管理，建立完善监管机制，有效地促进了工作室活动高效进行，激发教师参与工作室活动的动力，促进了工作室活动最终成果，使得工作室常建常新，更具生命力。

两年多来，工作室根据以上提到的四个原则，逐步建立了一个领军人物、两个工作场所、三支创新团队、四批攻关任务、"四个一"的工作室运作机制。与此同时，通过不断宣传、树立典型，激起了大家奋勇争先思"创建"的热潮，促使教师工作室的队伍不断扩大，起到了积极的带头引领示范作用。

四、"侗礼"品牌文创产品主要成果

（一）开发注册"侗礼"品牌，完成成果转化

学校艺术设计系师生团队联合非物质文化遗产代表性传承人、工艺美术大师及企业专家对"侗礼"品牌标志进行构思与 VI 设计，从而形成品牌标志的完整体系（图7-3-1）。

图 7-3-1 "侗礼"品牌

（二）搭建平台，组织团队研发出具备侗族文化元素的现代民族服饰品

运用侗族传统元素，结合现代流行趋势设计了侗族创新服饰、创意服饰品、艺术画等多件作品，获广西"八桂天工奖"等多项荣誉（图7-3-2至图7-3-6）。

图7-3-2　作品《侗魂》荣获2018年"金凤凰"金奖、2016年广西"八桂天工奖"银奖

图7-3-3　作品《偶遇》获2016年广西"八桂天工奖"铜奖

图7-3-4　作品《溯源》获2016年广西"八桂天工奖"铜奖、2016年柳州市工艺美术展银奖

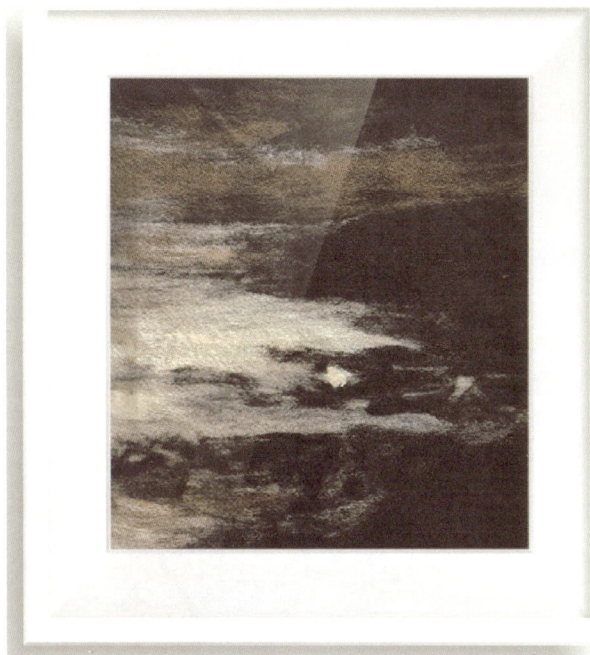

图 7-3-5　作品《魂》获 2017 年全国"百花杯"工艺美术精品奖铜奖

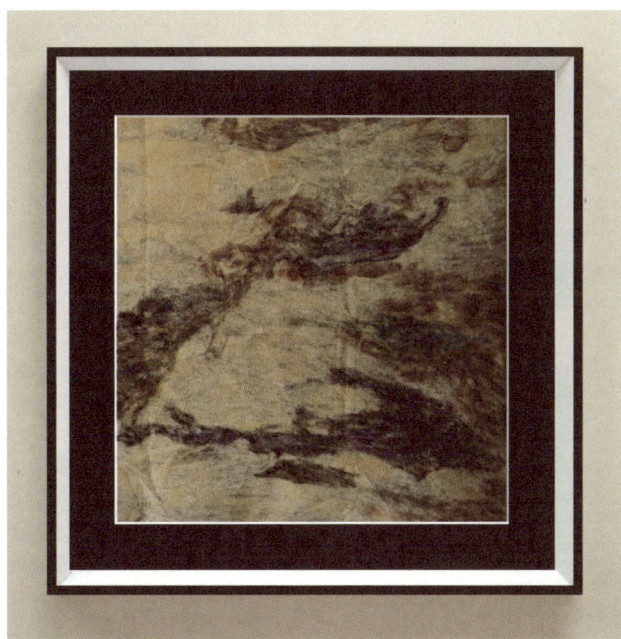

图 7-3-6　作品《追忆》获 2017 年广西"八桂天工奖"银奖

（三）建立管理机制，对侗族旅游商品进行开发推广

艺术设计系师生团队开发了具有侗族元素的创意手包、艺术木雕、陶艺摆件、纤维艺术画和各种服饰品等（图 7-3-7 至图 7-3-32）。

图 7-3-7　侗族创意手包——《溯源》系列

图 7-3-8　《图腾》

图 7-3-9　《云》

图 7-3-10 《福娃》

图 7-3-11 《侗福禄》

图 7-3-12 《双福娃》

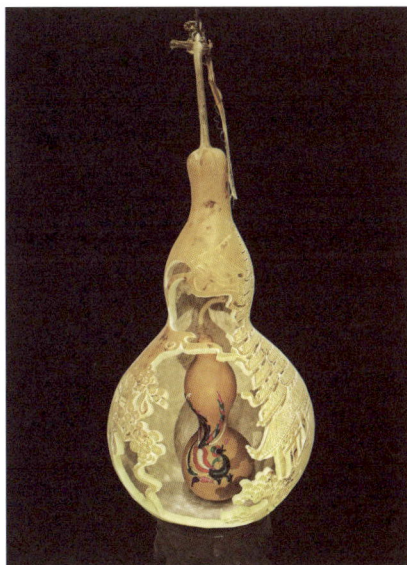

图 7-3-13 《侗听富禄》

图 7-3-14　作品《紫气福来》获 2016 年广西 "八桂天工奖" 铜奖

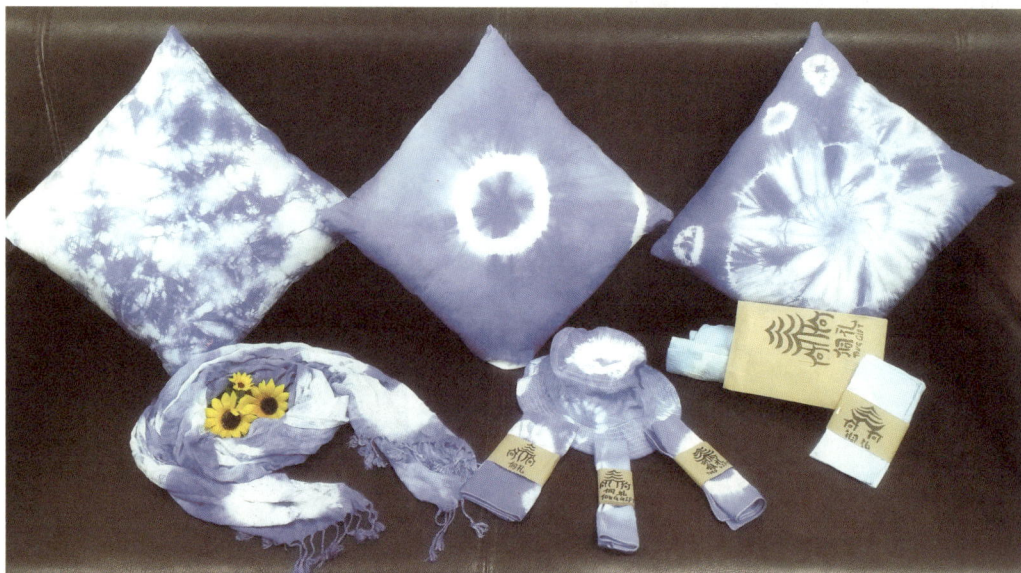

图 7-3-15　扎染抱枕、围巾

图 7-3-16　傩面具

图 7-3-17　针刺围巾

图 7-3-18　坭兴陶壶

图 7-3-19　零钱包

图 7-3-20　侗族香囊

图 7-3-21 《侗寨 五娘》系列服装

图 7-3-22 侗族壁挂

图 7-3-23 母氏图腾

图 7-3-24　侗族创意手镯——《合》

图 7-3-25　侗族创意布艺首饰——《溯源》系列

图 7-3-26　侗族创意铜镜——《溯源》系列

图 7-3-27　侗族创意笔袋

图 7-3-28　侗族民族胸针

图 7-3-29 数码针刺纤维艺术画——《紫荆花》系列

图 7-3-30 数码针刺纤维艺术衍生品系列——靠枕

图 7-3-31 立体绣民族创意单肩包——《溯源》系列

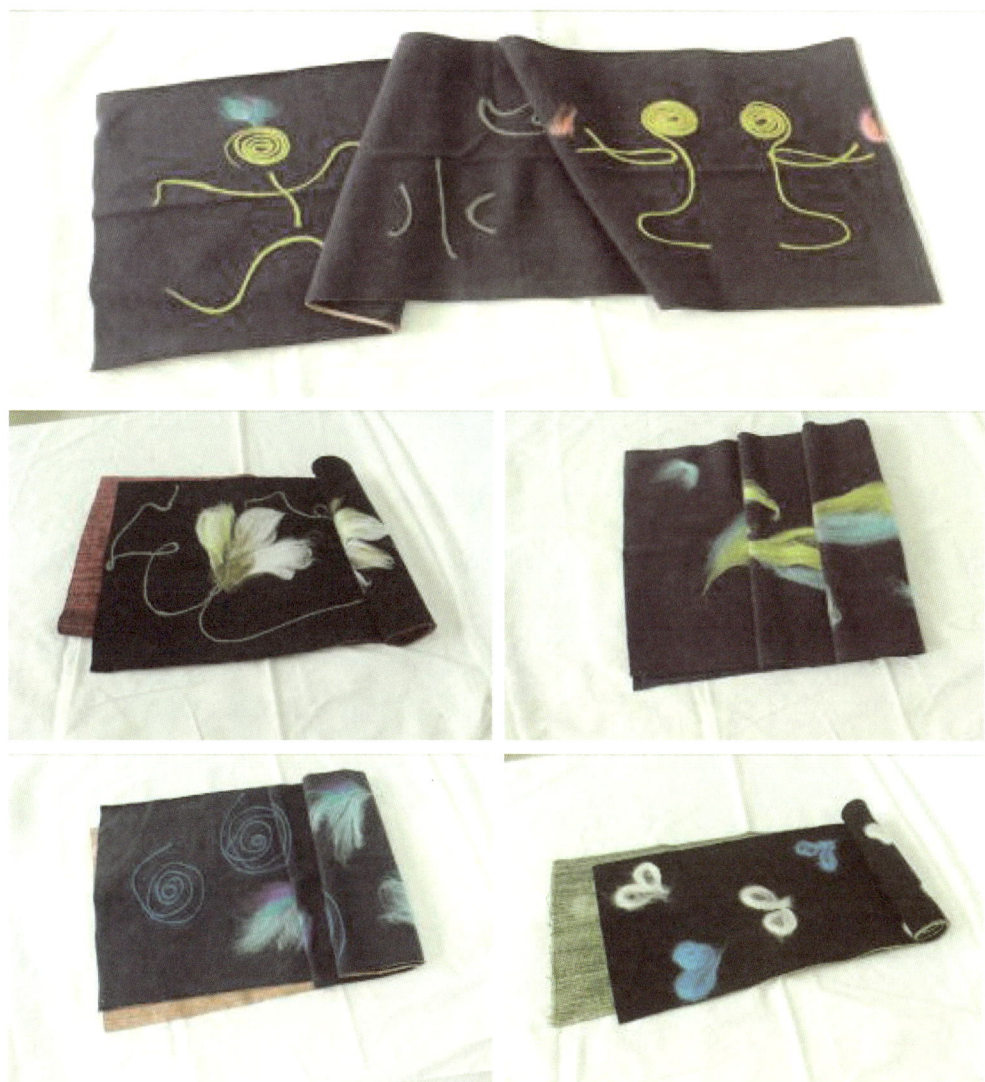

图 7-3-32 数码针刺纤维艺术衍生品系列——围巾

五、"侗礼"品牌文创产品工作的体会与思考

一是继续做好技能大师的选拔、培养工作，进一步挖掘专业老师的创新潜能，使工作室成为推动人才成长的摇篮，带动广大专业老师提升专业技能水平，促进学校发展。

二是加大技能大师工作室在推动专业技术进步中发挥作用的宣传力度，不断扩大工作室活动的覆盖面和影响力，使创建数量不断增多，创建质量不断提高。

三是进一步拓展工作室的功能，通过拓展功能，使工作室既是老师进行专业创新、专业攻关、专业协作、发明创造的场所，又是老师开展业务轮训、技能培训的基地，为提高技能人才的培养提供便捷实用的操作平台。

四是加强工作室的相互交流，取长补短，形成聚集效应，促进专业进步和成果转化；同时把工作室工作与专业竞赛、技能比武紧密结合起来，形成"比学赶帮超"的活动氛围。

第四节　侗族美食

侗族的饮食文化自成一体、丰富多彩，大致可用"杂"（膳食结构）、"酸"（口味嗜好）、"欢"（筵宴氛围）三个字来概括。

一、杂异的食源

侗族地区大多日食四餐，两饭两茶。与饭、茶配套的，还有蔬菜、鱼鲜、肉品、瓜果、菌耳和饮料，食源广博而杂异。

蔬菜大多制成酸菜。鱼鲜包括鲤鱼、鲫鱼、草鱼、鳝鱼、泥鳅、小虾、螃蟹、螺蛳、蚌之类，可制成火烤稻花鲤、草鱼羹、鲜炒鲫鱼、吮棱螺、酸小虾、酸螃蟹等风味名肴。肉品主要是猪、牛、鸡、鸭肉，吃法与汉族差别不大。瓜果有刺梅、猕猴桃、乌柿、野杨梅、野梨、藤梨、饱饭果、刺栗、大王泡以及松村嫩皮、桑树嫩皮、香草根等。饮料主要是家酿的米酒和"苦酒"以及茶叶、果汁。据粗略估计，侗族的常见食材不少于 500 种，很多动植物都能制作成食物，这显示出他们的聪明才智和很强的生存适应能力。

二、无菜不酸

侗族嗜好酸味，自古便有"侗不离酸"的说法，他们自己亦称："三天不吃酸，走保打倒窜。"侗家菜中，带酸味的占半数以上，有"无菜不腌、无菜不酸"的说法。这些酸味菜有以下特点。

（1）用料范围广。猪、牛、鸡、鸭、鱼虾、螺蚌、白菜、黄瓜、竹笋、萝卜、蒜苗、木姜、葱头、芋头……皆可入坛腌醋。

（2）腌制方法巧。先制浆水，加盐煮沸，加入原料继续煮，装泡菜坛，拌上酒和芝麻、黄豆粉，密封深埋。

（3）保存时间长。腌菜可放 2 年，腌制的鸡鸭可放 3～5 年，腌肉可放 5～10 年，腌鱼可放 20～30 年，非有大庆大典不开坛。侗家盛宴，碗碗见酸，而十道大菜组成的"侗寨酸鱼全席"，世所罕见。

三、欢腾的宴席

在侗家人的心目中糯米饭最香，甜米酒最醇，腌酸菜最可口，叶子烟最提神，酒歌最好听，宴席上最欢腾。

最有特色的要数客人进寨时特殊的迎宾仪式——"拦路酒"了。侗家人在进入寨子的门楼边设置"路障"，挡住客人，饮酒对歌，你唱我答，其歌词诙谐逗趣，令人捧腹，唱好了喝好了，再撤除障碍物，恭迎客人进门。入座后又是换酒"交杯"，邻居或自动前来陪客，或将客人请到自己家中，或"凑份子"在鼓楼中共同宴请，不分彼此。酒席上还有"鸡头献客""油茶待客""酸菜苦酒待客""吃合拢饭""喝转转酒"等规矩。清人诗云："吹彻芦笙岁又终，鼓楼围坐话年丰，酸鱼糯饭常留客，染齿无劳借箸功。"正是侗寨欢宴宾客生动情景的写照。

第五节　侗族农民画

三江侗族农民画是广西自治区级第四批非物质文化遗产之一。柳州市第二职业技术学校的三江侗族学生将自己民族的文化以当地农民画为载体，带动其他有绘画爱好和特长的学生，共同创作、传播三江侗族农民画这一文化遗产。同学们通过文化交流、互动，将当地风雨桥、鼓楼的民间彩绘及侗族传统刺绣、剪纸等艺术，把侗族真实的生活状态和原始浪漫的审美情趣绘制在纸张、侗布、竹编、木板等各种生活用品上。

柳州市第二职业技术学校的农民画技艺在教学和发展上从民族文化传播出发，以鼓楼为核心，包括鼓楼、风雨桥、吊脚楼等和谐主题的民俗建筑、民俗风情、生活习俗等文化现象的鼓楼文化，是三江侗族农民画创作的重要题材。侗族"有寨必有鼓楼，有河必有风雨桥"。鼓楼、风雨桥和吊脚楼几乎成为每一幅三江侗族农民画的主题或背景。在艺术上，三江农民画吸取了少数民族民间艺术的要素，在造型、色彩上具有独特和鲜明的地域和民族审美特色。柳州市第二职业技术学校独立编著的校本教材《三江农民画》从侗族民族文化到农民画的绘画技法，将农民画技艺教学进行了系统的设计和教学安排，为三江侗族农民画技艺传授提供了规范样本。目前柳州市第二职业技术学校的农民画技艺传承不但在课后的社团进行传授，还作为专业课程融入幼师、工艺美术等多个专业的技能课程进行专业学习，形成了完善的专业艺术性发展与业余推广传播两个方向的发展。

三江侗族农民画追求的是纯审美意义的文化和审美价值，根植民族土壤，表现的是今天的现实生活和劳动大众。三江侗族农民画反映了鲜明的民族特色，表现了丰富多彩的生活内容，每幅作品都是原创的，具有独特的艺术价值。

在幼师专业中，以民间美术课程资源为切入点，利用"三江民族班"特色民族优势，因地制宜开发地域性民间美术课程资源，通过柳州市第二职业技术学校校本课程开发与利用的优秀案例，将农民画资源转化为美术课程资源，以期充分挖掘美术课程资源，加深学生对家乡本土艺术的认同感，并使其自觉肩负起文化传承与发扬的使命。

在工艺美术专业课程教学中，结合学生的专业特点，为了能够发挥学生的艺术设计专业特长，在设计教学中注重对侗族农民画艺术文化寓意的挖掘，将蕴含侗族传统审美精神的农民画艺术融入旅游产品包装设计中，并以创新能力培养作为教学目标，对农民画艺术进行衍生产品开发，从而将产品的实用性、功能性及农民画艺术的审美性与侗族文化传承性相结合，实现文化、经济的共赢。

通过专业教学与普及推广两个方向的发展，三江侗族农民画技艺已经取得了不少优异成绩。近两年学生创作的农民画作品及衍生产品多次获得柳州市美术作品展及创

新设计大赛奖项。学校将继续发挥本校的专业特长和民族文化优势，将三江侗族农民画技艺推广、创新、发展下去，形成自己的特色课程。

第六节　侗族绣品

为实现中国由制造大国向制造强国以及中国制造向中国智造的华丽转变，需要培养大批有技术、有德行、有创新精神的中国工匠。柳州市第二职业技术学校作为立足本地区域、服务柳州市的技能人才培养的摇篮，为弘扬民族文化精神、培养新时期具有"工匠精神"的学生，依托艺术设计系组建学生民族紫荆花刺绣社团，深入学生第二课堂开展教学活动。

"工匠精神"是职业素质教育的特征和灵魂。它能很好地表现执着力、创新性和职业认同感。因此，利用丰富多彩的第二课堂活动，依托专业资源，组建民族紫荆花刺绣社团，通过社团活动，吸纳对民族服饰、手工艺和文化艺术有兴趣的学生，学习并推广侗族文化技艺。

柳州市第二职业技术学校历来重视学生民族技能培养，每年通过举办各种民族技能传统特色活动，为学生搭建展示高超技艺的舞台。学生通过参与学校各种民族技能展示活动可以更好地理解并认同民族技能，领会"工匠精神"，加深对所学专业的认同感和责任感。

在学校浓郁的侗族服饰文化传承创新特色的吸引下，全国有名的"尖荷系——设计教育实践运动"首次进入广西，进入中职学校，"尖荷行动021期——侗族服饰文化传承创新基地建设"活动在学校成功举办，其实践运动成果促成学校创立了自己的民族文化品牌"侗礼"（图7-6-1）。学校侗族文化教育特色鲜明，活动精彩，吸引了柳州市电视台、《柳州日报》《南国早报》等柳州市新闻主流媒体的关注和报道；吸引了众多的省内外兄弟院校及教育代表团到校参观交流学习；中国教育电视台对基地进行了专访，题为《民族文化融入职业教育，侗族之花绽放时尚光芒》的专访节目在中国教育电视台《中国教育报道》栏目中播出，进入全国人民的视野中（图7-6-2）。

柳州市第二职业技术学校贯彻"立足柳东新区、服务柳州市"的办学定位，切实

图 7-6-1　自治区级侗绣非遗传承人韦清花（前排右二）、企业设计总监陈芳菊（前排左二）
与柳州市第二职业技术学校服装美术专业师生共同进行侗族文创产品开发及品牌设计

学研合一，使"工匠精神"进课堂、进教材、进社团，努力培养"品行、匠心、精工"的一流双高人才，取得了良好效果。

因人施教，因材施教，找到学生的发光点，很多时候需要创造合适的环境。通过开展项目丰富的第二课堂活动，激发了学生的专业兴趣，提升了专业育人环境。学生根据学习的需要和个人兴趣，预约进入相关的实训室开展拓展项目。实训室开放期间有教师指导，确保开放期间学生的安全，并帮助学生养成执行规范、钻研细节的工作习惯。通过开放实训室，给学生提供了打磨技能的平台。从近几年实训室开放实践来看，实训室的开放对提高学生的动手能力、规范意识、安全意识作用明显。经过实训的学生也更受用人单位青睐。

行之有效的第二课堂，能和第一课堂形成良好互补。在"工匠精神"培育过程中，通过开展丰富多彩的社团活动，在职业技能方面，柳州市第二职业技术学校的学风和班风得到显著改善。同时学生自主学习的积极性空前高涨，那些深入实训室的学生在各级各类技能大赛中经常有上佳的表现，获得广西中职学生专业技能大赛一、二、三等奖和国家级职业技能大赛二、三等奖的佳绩。

图 7-6-2　中国教育电视台对柳州市第二职业技术学校民族文化传承基地进行专访

第七节　侗族茶艺

侗族茶文化历史悠久，当地最具特色的是侗族油茶。侗族人世世代代居住在高寒山区，侗族油茶能御寒防病，还有生津解渴、提神醒脑、解除疲劳等功效。三江侗族自治县盛产仙人山茶，品质很好。江浙一带的茶叶商户经常来三江等待收购上等茶叶。优质茶叶产自八江、独峒、同乐。

侗家吃油茶时，主人和客人都围坐在桌旁或锅灶周围，由女主人亲自烹调。饮用油茶时，第一碗一定要奉给长辈或贵宾，表示敬意，然后依次端送给客人和其他家人。

接到油茶后，不能立即吃，要等主人说一声"敬请"大家才一起端碗。吃油茶只用一根筷子。吃完第一碗，只需把碗交给女主人，她就会按照客人的座序依次把碗摆在桌上或灶边，再次盛上茶水和配料。每次吃油茶，每人至少要吃三碗，否则会被认为不尊敬主人。吃了三碗后，如果不想再吃，就需把那根筷子架在自己的碗上，作为不吃的表示。否则，女主人就会不断地盛油茶，让客人享用。

归纳起来，油茶包含四道茶，曰"一空、二方、三圆、四甜"，主人在为客人服务四道茶时的流程如下。

（1）将第一道只有油茶汤的茶从右手边的客人开始，依次传递到左手边的客人，并将第一道茶的寓意传递给客人。因只有茶汤，俗称"一空"，寓意清空所有的私心杂念，安安静静地来品一道侗乡茶。

（2）第二道茶是在茶汤中加入了血红。主人会在客人聊天的空隙，找到合适的切入点，展示第二道茶，并用同样的方式将第二道茶传递到客人的手上，同时将寓意传递给客人：血红切得方方正正，寓意着侗乡人民做人的标准——方方正正。

（3）第三道茶是在茶汤中加入了汤圆，寓意一家人团团圆圆，和和美美。服务方式与前两道茶相同。

（4）第四道茶是在茶汤中加入了糍粑丁、饭豆、红糖等，甜醇爽口，这一道茶为甜茶，寓意今后的日子甜甜蜜蜜、美满幸福。

服务时还可以配合敬酒歌，唱出侗家人对生活的热爱。传递油茶的服务方式，不仅是侗族待客的热情，更代表侗族人世代生活方式的传承。

柳州市第二职业技术学校将侗族打油茶技艺与专业课程相融合，引入非遗大师进校授课，与企业依托产教融合模式，旨在将侗族茶文化资源与旅游资源有机地结合起来，进一步挖掘打油茶服务工序。将传统的打油茶表演、服务与体验式旅游结合，将侗族人民的打油茶文化、饮食文化以及当地人对生活的理解和期盼有机结合，制定出侗族打油茶茶艺服务标准，展现侗族的民风民俗。在旅游经济上，主要通过打油茶这一特色饮茶流程，展现侗族的饮食等民俗文化，吸引游客观赏及体验品尝，弘扬民族文化、展现民族自信、促进旅游消费。

第八节　侗族大歌、侗美合唱团

一、合唱团建设背景

为了传承民族传统文化，继承本地非物质文化遗产，全国各地陆续开展"非物质文化遗产进校园"活动，以传承和保护非物质文化遗产。根据中共中央、国务院出台的《关于实施中华优秀传统文化传承发展工程的意见》开展民族文化教育教学指导方案，参照国家民族文化教育的标准的基本要求，同时为进一步推进素质教育实施，促进学生多元成长、个性发展的目标，建设健康、文明、和谐的现代校园文化，柳州市第二职业技术学校文旅系决定依托学前教育专业成立"三江民族班"，完善学生管理制度，培养学生对于民族传统技艺类项目的认识，并通过艺术表演实践活动提升兴趣，为民族区域学生在校学习专业知识和民族传统文化开辟绿色通道，在首届"三江民族班"中挑选了 50 名侗族学生成立了柳州市第二职业技术学校侗美合唱团，从 2016 年开始至今已经培养了 8 代侗美合唱团成员近 800 人，团队指导教师 30 余人。

二、合唱团活动理念

（1）以传承民族文化、培养学生创新精神与实践能力为重点，促进学生全面发展。

（2）让侗族学生体验本民族文化精髓，学好本专业技能，同时多参加比赛、演出，培养民族自信、文化自信，获得学习成功的体验。

三、合唱团培养目标

（1）培养主动积极的学习态度、实践活动能力、自主管理的意识和领导能力，建立新型师生关系。

（2）培养与他人合作学习的能力，形成团队精神，在学习活动中有自律意识和关心他人的情感与品德。

（3）构建健康的校园文化氛围，陶冶道德情操，涵养艺术情趣，充实课余生活，促进身心全面发展。

四、具体实施内容

（1）通过外引内培的方式，特邀侗族大歌传承人到学校任教，将侗族大歌训练正式纳入"三江民族班"教学方案。

（2）以技能大师工作室、名师工作坊为载体，构建"传承人＋技能大师＋名师＋骨干教师"双师型非遗传承教学团队。

（3）搭建校企合作平台，让学生表演的节目走入社会、走向舞台，多比赛、多表演、多收获。

近六年，侗美合唱团培养侗族学生近 800 人，其中近半数学生现正在从事与民族非遗传承相关的工作。她们返乡创业，造福一方，成为振兴和发展民族区域文旅产业的一股新生代力量，促进地方文旅产业发展，振兴乡村，增强了非遗文化传承发展能力。同时，侗美合唱团成员已有近百人成了学前教育专业和艺术表演专业的大学生，相信她们在大学毕业后走入社会人生会更加精彩。

五、侗美合唱团获奖情况

（1）2020 年 11 月，侗族琵琶歌《侗听·天籁》荣获第二届"黄炎培杯"中华职业教育非遗创新大赛一等奖。

（2）2019 年 11 月，侗寨大歌荣获首届"黄炎培杯"中华职业教育非遗创新大赛一等奖。

（3）2018 年 9 月，荣获自治区"爱祖国、爱家乡——庆祝广西壮族自治区成立 60 周年青少年传唱社会主义核心价值观主题歌曲"比赛中学组一等奖。

（4）2018 年 9 月，荣获柳州市"爱祖国、爱家乡——庆祝广西壮族自治区成立 60 周年青少年传唱社会主义核心价值观主题歌曲"比赛中学组一等奖。

（5）2018 年 9 月，荣获全区第六届中小学艺术展演比赛声乐类一等奖。

（6）2018 年 11 月，荣获庆祝自治区成立 60 周年"辉煌颂歌"柳州市歌咏汇演十佳风采奖。

（7）2017 年、2019 年连续两届荣获柳州市校园文化艺术节中职高中组大合唱一等奖。

（8）2019 年荣获柳州市第十四届柳州市校园艺术节小组唱一等奖、重唱一等奖。

（9）侗美合唱团自成立以来应邀参加全国、自治区级、市级各类演出 100 多场，演出效果反响热烈，已经成为柳州市乃至广西非遗文化表演一道靓丽的风景线。

第九节　育人优秀案例

一、张由温：侗寨走出的"时装设计师"｜柳州日报

张由温是柳州市第二职业技术学校 2016 级服装设计与工艺的学生。在 2019 年的全国职业院校技能大赛服装设计与工艺事项中，她与学校另一名参赛选手温春红组成的参赛队获得了团体二等奖。2018 年，她也通过自己的努力获得全国技能大赛中职组服装设计赛项三等奖的好成绩（图 7-9-1）。

图 7-9-1　侗寨走出的"时装设计师"——张由温

二、吴天秘："最美创业生"

习近平总书记说过："'积土而为山，积水而为海。'幸福和美好未来不会自己出现，成功属于勇毅而笃行的人。"

在我们的身边，有着这样一群优秀的青年人，他们心怀梦想、追求梦想，传承荣光、勇于担当，肩负起时代重任、成就事业华章，为实现中华民族伟大复兴而努力奋斗，让五四精神绽放出新的时代光芒。

现在就让我们来认识一下"以奋斗之我，拼搏出美丽人生"的"最美创业生"——吴天秘（图 7-9-2）。

图 7-9-2　2018 届旅游服务与管理专业学生吴天秘

吴天秘，女，柳州市第二职业技术学校文化旅游系 2018 届旅游服务与管理专业学生。在柳州市第二职业技术学校学习期间，她积极参加广西壮族自治区职业院校茶艺技能竞赛荣获二等奖，曾获校级"三好学生"、广西柳州三江侗族自治县同乡会"优秀会干"。毕业后进入广西柳州市华祥苑茶庄工作，因表现突出很快进入茶馆的经营管理工作中，并获得茶馆的股份。吴天秘在做好本职工作的同时也在积极寻求自我创业的机会。2018 年 3 月份，吴天秘开始了自己人生中第一次创业，注册了广西柳州市优攀贸易有限公司，经营茶米油酒买卖。有了第一次的创业经验，吴天秘很快便把目光放在了自家生产的广西柳州三江侗族自治县的三江茶上，借助自产的三江茶开启了茶坊创业，日均销售 500 斤茶干，产品远销全国各地。

藏器于身，待时而动

吴天秘在校期间勤奋刻苦、积极进取，在完善自己专业知识结构的同时不断加强自身综合能力的锻炼，从而不断充实自我、塑造自我、完善自我，为踏入社会打下了坚实的基础。

"从小妈妈就教育我说，人既不能妄自尊大，亦不能妄自菲薄，无论身处何种处境，都要相信是金子总会发光。我其实是一个内向的人，不善于表现自己，在柳州市第二职业技术学校学习期间，我的表现并不是很突出，只是一个再普通不过的学生。后来，是学校罗俊老师发现了我在茶艺方面颇有天赋，不断教导与培养我茶艺的技能与水平，鼓励我参加茶艺技能竞赛，让我获得了很多实战经验，为今后就业创业奠定了坚实的基础。"

学习茶艺，选择茶具、环境格调、茶叶多少、水温高低、时间把控等都非常讲究。吴天秘沉稳安静的性格，相比其他同学更能耐下心来专研茶艺，领会茶艺之中蕴含的文化与精神。一茶一世界，一味一人生。茶艺的每一个动作，都是对自我心性的一种打磨。吴天秘从茶艺学习中学会了心静。心静，是一种境界、一种智慧，它让吴天秘在今后的生活里，任世事变化，仍可守住初心，立住雄志，安然自若。

以梦为马，不负韶华

吴天秘在广西柳州市华祥苑茶庄工作的过程中时刻保持一颗热情的心和高度的责任感，做事尽心尽责，每次都能出色地完成茶庄布置的工作任务，得到了茶庄老板的认可和好评。

"我是幸运的，老板和同事都对我很好。老板就像是我的姐姐一样，在工作上给予了我很多帮助，让初入社会的我很快适应了从学生到工作人员角色的转变。除此之外，老板还给了我更广阔的发展平台、更开阔的视野。进入茶馆的经营管理工作后，人际关系网不断扩大，我开始萌生了自主创业的想法，在老板的帮助下，我注册了柳州市优攀贸易有限公司经营茶米油酒买卖。"

创业是一场艰苦的持久战，选择了创业，就是选择了更为不易的人生。吴天秘骨子里透着一股不服输的拼劲，明确方向，便勇往直前，不断突破自我，为人生开辟新的道路。

以勤为舟，乘风破浪

近年来，广西柳州三江侗族自治县茶村大力实施青年回村、乡贤回归工程，促进各类人才回乡创新创业。吴天秘积极响应号召，返回家乡，开始从零做起，利用家中种植的三江茶资源，经营起了茶坊，负责将茶叶以薄利多销的方式卖给福建、湖南等地的茶商。

"回到家乡创业，是一个艰难的决定。在三江侗族自治县，我并没有任何销售渠道，为了迅速打入三江茶业市场，我每天早出晚归，整日混在茶市里，一边仔细观察各店茶叶生意是怎么做成的，一边积极和茶商们沟通，了解他们有什么需求，认真想想自己能够为他们提供什么资源，彼此都能做到互利互惠。有时候会吃闭门羹，心里也很难受，但下一秒还是要让自己重新回到最好的状态。创业就是这样，没有一帆风顺，是一条充满荆棘的道路，但是我走下去了，那便是胜利。年轻就是要努力去拼搏，实现自己的价值。"

每一份坚持都是成功的积累，每一份努力都不会被辜负。20 岁的吴天秘，通过自主创业实现了经济独立，给父母换上了一套新居所，大幅度提高了家庭生活水平。

创业是不驰于空想，不骛于虚声。创业是兢兢业业，勤勤恳恳，须吃得苦中苦。创业如同品茶，一开始喝下去是苦的，余后便是甘甜，令人回味无穷。吴天秘深谙其中的道理，从不言苦，不言累，默默用自己辛勤的汗水堆起事业的高地。

创业，是一种态度、一种选择；更是一种精神、一种磨砺。吴天秘是脚踏实地的追梦人，也是蹄疾步稳的实干家。她不负青春之名，点亮人生之路。

第十节　教育教学改革案例

基于职业教育扶贫的"非遗"传承基地建设模式构建实例
——以柳州市第二职业技术学校为例

龙陵英　陈　玲　秦海宁 *

一、案例实施背景

习近平总书记提出"扶贫先扶志""扶贫必扶智""精准扶贫"，强调教育扶贫是精准扶贫的根本之策，是最有生命力的减贫方式，也是文化传承的重要途径。职业教育肩负着培养多样化人才、传承技术技能、促进就业创业的重要职责，是保护和传承非物质文化遗产的一支重要力量，既是非遗传承事业所急，也是职教突破发展所需。因此，在贫困民族地区实施职教扶贫政策能对当地传统文化的传承保护和脱贫攻坚起到积极的双赢作用。

（一）"非遗"传承基地建设是开展扶贫工作的重要途径

教育部、文化部、国家民委明确提出"教育精准扶贫"和"推动职业教育人才培养与非遗传承相结合"等理念，柳州市政府明确提出"加强传统工艺相关学科专业建设和理论、技术研究"主要任务。柳州市第二职业技术学校（下文简称为"学校"）基于扶贫、就业、创业、升学等需求，立足办学实际和地方非遗文化构建"非遗"教育体系，彰显校本特色与区域特色，主动参与地方文化传承与产业创新，建立"广西职业教育民族文化（侗族服饰）传承创新基地"，将非遗项目引入校园，并进行职业教育的探索，创新教学模式，实现非遗项目传承职业教育化，培养学生习得一项可终生依靠的技艺，提高毕业生就业创业质量，增强立足社会的能力。

* 龙陵英，女，广西柳州市第二职业技术学校校长、教授，主要研究方向：教育管理、民族文化。
　陈玲，女，广西柳州市第二职业技术学校质量办主任、讲师，主要研究方向：思想政治教育、管理学。
　秦海宁，男，广西柳州市第二职业技术学校副校长、高级讲师，主要研究方向：教育管理、汉语言文学。

（二）"非遗"传承基地建设的模式和创新

学校以基地建设为依托，以侗族服饰制作工艺、侗族刺绣、侗族大歌等技艺为载体，联合政府、行业、企业和非遗传承人，系统梳理非遗项目发展文脉，结合自身专业设置情况和特点，多专业联动，从基础设施建设、非遗传承课程设置、师资队伍建设、校本教材开发、展演展示及校园非遗专题展示馆建设等十个方面明确基地建设思路和目标，突出侗族服饰文化的传承与创新，凝炼出精密的"123＋N"民族文化传承创新职业教育现代人才培养模式。

"123＋N"模式，指1颗内核、2个平台、3级层次、N个专业协同共进，其具体内涵如下。1颗内核：以三江侗族文化为内核。2个平台：校内教研平台和校外产商平台。3级层次：大师工作室为主导引领＋教师工作室甄别提升＋学生创客空间慎思明辨。N个专业：服装设计与工艺、工艺美术、美术设计与制作、学前教育、社会文化艺术等N个专业。学校的"123＋N"模式将传统课程融入工作室教学课程，在传承与创新侗族服饰文化的道路上，使教研成果达到"作品化、产品化、商品化"，实现"一生一手艺"的培养目标。

二、做法与过程

（一）融入非遗文化，培育校园文化育人内核

学校以广西三江侗族非遗文化为核心，通过在校内建立民族文化体验馆、侗族手工技艺传承工作坊、侗族服饰手工艺社团、侗族大歌合唱团等侗族非遗文化体验和实践场所及学生社团组织，将侗族非遗文化精神纳入校园文化建设。通过非遗项目的传承，让师生认识非遗的丰富内涵，认识传统文化的内在魅力，实现从文化自知到文化自觉的转变，推动校园文化的建设。早在2012年，学校就将侗族服饰和侗绣作为服装设计与工艺专业、工艺美术专业、美术设计与制作专业特色课程列入学生课程体系。将非遗项目建设融入专业课程，改变传统课堂教育模式，非遗课堂集兴趣、手工、创新于一体，建立起"理实一体化"教学模式。

（二）搭建研发平台，推进非遗项目技艺创新

学校依托项目建设，引进侗绣传承人、广西工艺美术大师，联合校级侗族服饰技艺大师，成立韦清花侗绣大师工作室、张礼全工艺美术大师工作室和陈美娟侗族服饰

创意技能大师工作室，搭建起校内侗族非遗文化研发大平台。技能大师工作室在建设的过程中承担着以点带面打造典型形象、文化传承、技能引领和导向的任务，成为集非遗文化的研究与传承、非遗技艺的改造与创新、非遗产品的开发与营销于一体的非遗文化研发"小高地"。

（三）依靠教育科研，构建三级非遗传承队伍

聘请非遗传承大师担任名誉教授常驻学校，承担授课亲传技艺，促进学生近距离接触非遗文化及技艺，延拓非遗技艺传承覆盖面；构建自身非遗传承教育师资队伍，依托非遗大师工作室，鼓励校内教师与非遗传承大师通力协作，共同制定特色人才培养方案、编写教材与授课，以系统的理论教育规范技艺传承；建立学生创客空间，引入文创项目，邀请非遗传承人授课，技能大师、企业技术人员、校内骨干一对一项目分组指导，学生自主研发作品，形成学校"大师工作室＋教师工作室＋学生创客空间"的非遗传承队伍构建模式，提升非遗传承与专门人才培养实效。

（四）发挥基地资源优势，形成特色发展之路

成立侗族非遗体验中心，设立制作体验区、VR体验区、非遗衍生品区和创客空间，建成侗族服饰、民族手工艺、侗族刺绣、侗族大歌、侗族农民画等多个校内外大师工作室。校内"＋N"专业联动，形成多项功能并举的开放式专业交流与服务平台，增强非遗教学资源的普适性，实现非遗资源的共享、更新和持续发展，提高非遗保护与传承成效，推动非遗项目的技艺创新，顺应大国工匠精神培育和传统文化代际传承、创新的发展需要。

三、成效与反响

（一）传承非遗工艺，创新特色办学理念

基地建设秉承"追求卓越，求真善美"的办学理念，以"成功在这里起航"为主题打造特色校园文化，以精神文化营造内涵美，制度文化营造规整美，景观设计营造环境美，课程文化彰显创新美，行为规范促进形象美，文体活动展示青春美，营造"人人皆可成才，人人尽展其才"的良好育人环境，着力培养具有较高职业素养和职业技能，适应当地经济发展需求的技术技能人才，形成以非遗教育传承为特色的育人模式。

（二）传承非遗工艺，融合现代学徒制

学校积极融合现代学徒制教学理念，将部分传承实践课程放到现代企业中完成，在企业中，学生既是学徒，又是实习员工，用现代企业的生产经营理念促进传统工艺的学习和生产。在现代学徒制教学活动中表现优异的学生还可获得到国外学习进修的机会。近年来，先后有数名三江籍服装设计与制作专业侗族学生在学校和企业的共同资助下，赴法国、意大利学习进修，既开拓了国际视野，又提升了专业水平和综合能力。

（三）丰富职业教育内涵，教改科研成果丰硕

非遗项目融入校园，使职业教育与民族教育、精准扶贫，学生的特点与学习内容，教师的教学与专业成长有机结合，延长办学链，转化传统教育的角色定位，初步形成"教、学、研、商"高度融合的创新体系。基地团队创作的"纤维艺术装饰画"填补了广西工艺画品种空白。基地团队创新设计制作的 7 个系列 35 套"侗寨五娘"服饰品，分别在奥克兰国际会展中心、悉尼奥林匹克会展中心巡演，服装系列作品和设计者陈美娟老师在时装周上荣获"最具文化品牌奖"和"最佳设计师奖"。此外，基地团队创作的 6 件外观设计作品获国家知识产权局颁发的发明专利。

（四）"非遗＋扶贫"落到实处，助力贫困学子精准脱贫

基地建设高度关注广西原贫困地区的生源学生，精准招收少数民族籍贫困学生，树立"培养一个，致富一家"的理念，成立民族班，采取民族特色培养模式，提升学生民族技艺水平，切实提高贫困学生就业、创业和升学质量。

1. 定点招生，走出大山

学校每年招收三江侗族学生 500 人以上。这些学生大多来自贫困家庭，约三分之一家庭是建档立卡贫困户，是国家精准扶贫政策中急需帮扶的群体。学校树立"培养一个，致富一家"的理念，在招生中，深入三江侗族自治县各初中学校和毕业生家庭，宣传国家和学校的帮扶政策，说服那些在打工和读书两种选择中摇摆不定的学生及家长，鼓励他们通过接受职业教育，走出大山，走进城市，在更广阔的平台上学习专业知识，改变家庭贫困面貌。

2. 升学就业，改变命运

经过在学校的三年学习，这些三江侗族学生实实在在地改变了他们的命运。每年，

约 100 名毕业生通过对口招生和中升本考试升入高职或本科院校继续深造；就业的毕业生基本上都到广西区内外知名民族文创企业工作；每年有 10 多名学生选择回到三江自主创业，创办民族服饰工作室或民族特色幼儿园。经过教育与传承民族技艺训练，三江侗族学生全身心投入到反哺家乡建设中，提升了家庭生活质量，实现了"扶贫、扶志、扶智"三位一体推动脱贫攻坚工作再上新台阶。

3. 校企合作，助力脱贫

学校非遗传承基地在多年的实践中，注重对成果的转化，通过市场化运作，以合作公司的途径帮助毕业生和当地群众就业。学校先后与三江多家侗绣和文化开发公司合作，将部分教科研成果授权这些公司使用，如服饰设计成果，以及帮助培训企业人员专业技能等。

四、应用推广

（一）引领区内外同类院校，打造多项交流平台

柳州市第二职业技术学校非遗传承基地建设系列成果在同类院校中引起了强烈的反响，近年来国内外 200 多所职业院校和单位慕名到学校参观学习，如重庆职业教育代表团一行、西藏那曲地区职业技术学校代表团一行、广西轻工技师学院代表团一行、来宾市人大常委会代表团一行。2019 年 7 月，柳州市第二职业技术学校牵头成立了中等职业教育民族文化传承创新柳州联盟并召开了"侗寨·五娘"文化论坛，国内 22 所中职学校参加，柳州市第二职业技术学校当选理事长单位。2019 年、2020 年柳州市第二职业技术学校连续两年参加"黄炎培杯"全国非遗传承创新大赛，获得多项大奖，全国人大副委员长郝明金亲自为学校颁奖。2020 年 11 月，柳州市第二职业技术学校作为牵头发起单位之一，创建了全国非遗职教集团，全国 110 多所职业院校（包括应用型本科、高职和中职院校）加入，并且在学校举行了成立大会。这些平台交流都扩大了学校的影响力。

（二）面向中小学，普及侗族非物质文化

柳州市第二职业技术学校非遗传承项目陆续向柳州市各中小学开展送课进校活动，通过研学体验式教学，树立民族文化意识，累计受益中小学生 10000 多人次。

（三）社会高度关注，媒体倾力报道

2018 年、2020 年《中国教育报》、中国教育电视台两家媒体先后两次到校进行采访报道，2019 年第 20 期《中国职业技术教育》对非遗现代传承育人模式给予报道，2018 年广西电视台直播了学校侗族大歌合唱团参加自治区成立 60 周年合唱比赛获一等奖，新华网、凤凰网等其他各级各类媒体宣传报道 200 多次。

广西少数民族民间舞蹈融入中职舞蹈教学改革实例

——以柳州市第二职业技术学校为例

张　慧*

一、案例实施背景

广西民族民间舞蹈，主要是本地区人民在日常的生产生活、劳动生活中创作出的一种特有的舞蹈形式。近年来，随着我国对于传统文化、民族民间文化的开发与保护，广西民族民间舞蹈得以创新与发展，在原有的基础上再次产生了大量的优秀舞蹈作品，如《担》《姑娘不穿鞋》，具有较强的舞蹈艺术传承价值。因此，在广西地区的中职院校舞蹈教育教学中，教师要充分利用民族民间舞蹈艺术优势，将其融入课程教学中，促使学生能够亲身体会广西地区的民族民间舞蹈艺术，学习本土舞蹈形式；结合民族民间舞蹈艺术制定具有针对性的课程，全面培养学生的岗位实践能力与应用能力，为职业院校舞蹈专业学生的职业发展奠定基础。

（一）广西本土民族民间舞蹈的种类

近两年，我国广西地区的民族民间舞蹈得以快速发展，呈现出欣欣向荣的局面，陆续出现了很多优秀的民族民间舞蹈作品。广西地区的民族民间舞蹈正在沿着时代发

* 张慧，女，高级讲师，现任广西柳州市第二职业技术学校舞蹈技能大师、民族文化艺术表演名师工作坊坊主、广西文化艺术职业教育教学指导委员会委员、柳州市舞蹈家协会副秘书长、柳州市文促会舞蹈专业委员会副主任兼秘书长。研究方向：舞蹈、礼仪。

展的方向得以再次发展，人们能够根据不同的舞蹈技巧、对舞蹈的理解、对地区文化的理解，结合广西地区的民族气质与特点，不断丰富广西民族民间舞蹈体系，根据原有的舞蹈分类，创作出更加多姿多彩的舞蹈作品。

广西地区，民族民间舞蹈体系大致可以分为以下三种。

第一种是具有深刻文化内涵的舞蹈。人们将传统的广西地区民族民间舞蹈与现代舞蹈编创技法相结合，体现地区的民族文化，如《漓江诗情》。在《漓江诗情》中，作者没有拘泥于传统的地区民族民间舞蹈动作，而是深入发掘地区文化内涵，从民族传统文化的角度出发，促使舞蹈整体富有深层次的文化气质，具有较强的民族民间传统文化感染力。

第二种是能够体现民族风情与特点的舞蹈，如三江侗族舞蹈中的芦笙舞。芦笙舞，又名"踩芦笙""踩歌堂"等，因用芦笙为舞蹈伴奏和自吹自舞而得名。它流布于贵州、广西、湖南、云南等地的苗、侗、布依、水、仡佬、壮、瑶等民族聚居区，是南方少数民族最喜爱、分布最广泛的一种民间舞蹈。从已出土的西汉铜芦笙乐舞俑分析，芦笙舞至少已有两千多年的历史。芦笙舞大多在年节、集会、庆贺等喜庆时刻表演，主要有自娱、竞技、礼仪三种类型。

第三种是能够表达水光山色的舞蹈。在广西地区的民族民间舞蹈体系中，单纯表达自然景色的舞蹈也是地区人民在早期生产生活中的常见舞蹈形式，其追求舞蹈的"原汁原味""还原现实"，力求表现出地区人民生活、生产劳动中的"原生态"。《印象·刘三姐》就是典型的能够表达水光山色的舞蹈，其主要目的就是表达刘三姐的经典山歌、地区人民的风情、地区的民族特色等。

（二）广西本土民族民间舞蹈的发展

广西民族民间舞蹈是地区人民在生产劳动、日常生活中的必然产物，是不同时代背景下同一地区人民文化意识发展的核心，是地区人民共有的精神内涵与文化状态。广西地区的民族民间舞蹈以不同的形式存在于地区人民的生活中，能够体现出一个地区、民族的历史发展进程，展现其特有的道德规范、精神文化、传统观念、社会规则等。随着我国对传统文化的开发与保护，广西地区的民族民间舞蹈得以发展与创新，其发展本身也是一个不断创造的过程，能够反过来激发人们的想象力。

近两年，广西地区的民族民间舞蹈发展迅速。一方面，人们将现代编舞技法融入广西地区的民族民间舞蹈中，创新了民族民间舞蹈形式，如《印象·刘三姐》。人们在影片《刘三姐》的基础上进行了调整，将桂林的美丽山景风光融入舞蹈中，实现了第一次全新概念的"山水实景演出"，将民族性、视觉性、艺术性集于一身。由此可见，继承与发展民族民间舞蹈，不仅仅是将一个地区的传统文化与价值观念宣扬开来，更是对一个地区文化与观念的继承与创新，是能够激发地区舞蹈专业人士艺术创作灵感的重要手段。因此，地区的职业院校教师将广西民族民间舞蹈融入课程教学中，能够进一步提升学生的民族文化素养，促使学生正确认知本土文化，对本土文化产生认同感与自豪感；还能够促使学生将广西地区的民族民间舞蹈运用到今后的工作中，实现舞蹈创作、舞蹈表演、舞蹈传授，促进地区民族民间舞蹈的创新与发展。

二、做法和过程

（一）引入地方三江侗族舞蹈，构建专业化的民族民间舞蹈教学体系

要想将广西本土的民族民间舞蹈融入院校的舞蹈课程教学中，就要将原有的舞蹈课程内容作为载体，融入本地区特有的民族民间舞蹈形式，将其作为主要的学习内容，如三江侗族舞蹈中的《芦笙舞》。随着地区经济的发展，广西地区的旅游行业蓬勃发展，很多区域设置了广西特色歌舞表演，学生若学习了地区民族民间舞蹈，则能够在进入社会岗位之后，将这些舞蹈能力运用到工作中，为地区的旅游行业、民族特色文化产业的发展服务，这种教学结构与目标符合地区职业教育的发展趋势。《芦笙舞》是典型的侗族舞蹈，具有节奏强烈、奔放的特点，舞步步幅较大，且存在较多高难度的快速旋转动作，需要学生掌握较多的舞蹈技巧。因此，在课程教学的过程中，教师可以将《芦笙舞》分解，分别提出"分解动作训练""《芦笙舞》音乐乐曲感知与欣赏""《芦笙舞》舞蹈动作连贯练习""《芦笙舞》整体舞蹈排练"等多个教学环节，并且根据原有的课时设置情况，适当安排教学进度，提出明确的三江侗族舞蹈教学指标与学生学习标准，以此构建专业化本土的民族民间舞蹈教学体系，初步实现广西本土民族民间舞蹈融入职业院校舞蹈教学的目标。

（二）联合职业院校内不同课程，大力培养学生的应用实践能力

要想将广西本土的民族民间舞蹈融入职业院校的舞蹈课程教学中，就要认识到职

业院校舞蹈专业教学相较于普通院校舞蹈专业教学的不同之处。职业院校舞蹈教育不仅仅是为了培养学生形成良好的舞蹈核心素养，更主要的是要培养学生形成良好的专业实践能力与舞蹈专业岗位对口应用能力，以此实现专业对口就业，如舞蹈教师岗位、地区舞蹈艺术团演员、地区旅游文化产业的舞蹈表演演员。因此，在开展舞蹈课程与本土民族民间舞蹈融合教学的过程中，教师要关注学生的实践能力，联合专业内的其他课程教师，构建以实践能力养成为核心的本土民族民间舞蹈教学机制。在这一过程中，教师可以分别联合舞蹈艺术文化课程、舞蹈编排课程、表演课程、舞蹈教学技巧课程等多项课程的教师，让这些教师分别了解本土民族民间舞蹈形式、种类及文化内涵，且在这些课程的教学过程中，全面融入本土舞蹈元素，促使学生始终在本土民族民间舞蹈艺术氛围中学习，提高学生的本土舞蹈艺术素养，同时提高学生的本土民族民间舞蹈运用能力，将其运用在实际的幼儿教学、舞蹈演出、舞蹈编排等多项工作中。

（三）创新职业院校舞蹈教学方式，构建多元化教学体系

要想将广西本土的民族民间舞蹈融入院校的舞蹈课程教学中，就要积极主动创新职业院校的舞蹈教学方式，避免用传统的、单一的舞蹈教学方式开展教学活动，要坚持"走出课堂""走进社会""走进社区""走进舞台"，为学生提供更加宽广的学习与实践空间，让学生在社会实践活动中锻炼自己、表现自己，以此体现民族民间舞蹈的综合价值。教师要根据原有的舞蹈教育形式进行调整，结合职业院校开展舞蹈教育的最终目的，创新教学方法，拓展教学路径，延伸教学场景。其中，"创新教学方法"就是突破传统的"教师讲解，学生做出动作"的单一教学形式，将学生作为课程主体，让学生根据对地区本土民族民间文化的理解，自己组队编创舞蹈，以此调动学生学习民族民间舞蹈的积极性；"拓展教学路径"主要是指采用多元化的教学方式，构建多元化的教学体系，如视频教学、地区旅游产业歌曲演出现场观摩、学生自主排练舞蹈实践、本土文化民族民间舞蹈汇演等多种不同的教学活动，将这些活动作为主要的教学方式，以此锻炼学生的实践能力，凸显地区职业教学特色；"延伸教学场景"就是要走出教学课堂，进入本地区的社区、商业街道中，通过"本土民族民间文化演出"的社会活动，体现学生的综合能力与岗位职业能力，以此锻炼学生的专业能力，发展学生的综合素养，为学生今后进入社会就业奠定坚实的基础。

三、成效与反响

（一）校内推广应用效果

（1）构建了非遗民族歌舞传承模式，为三江农民画等其他非遗项目的传承提供了复制共享教学模式。

（2）特色"三江民族班"培养了一大批民族歌舞非遗项目传承人。学生团队获国家级奖4项，自治区级奖10项，促进了学前教育专业"三江民族班"学生"弹、唱、跳、画、讲"五大核心技能的学习，学生专业技能水平使"三江民族班"教学成果脱颖而出，为其他相关专业开展民族传统文化与职业教育教学深度融合提供了典范。

（3）创建了民族歌舞专业群课程体系。学前教育专业、社会文化艺术专业融入非遗民族课程内容，促进了相关专业技能课程设置改革创新。

（二）校外推广应用效果

（1）学校品牌影响力日益凸显。学校获得"全国中小学优秀传统文化传承学校""柳州市第二批民族团结示范校"；"民族文化非遗传承教育基地"获准成为柳州市涉外参观点；首届全国非遗职业教育集团成立大会在柳州市第二职业技术学校隆重举行。

（2）成果得到有关专家、社会同行及媒体高度关注。项目建设的歌舞表演作品受邀在全国非遗教育创新大赛开幕式演出，广西教育厅对学校民族歌舞表演给予肯定表扬，学校非遗表演节目深受青睐，先后接待全国非遗职业教育集团专家、自治区政府专家、区内外20余所兄弟学校共计1000余人到校交流与研讨，先后接受了中国教育电视频道、广西电视台、柳州电视台、梧州电视台等国内外媒体进行项目报道50余次，学校的非遗民族歌舞成果成为柳州市乃至广西非遗文化民族歌舞项目的一张文化名片。

教育公平视角下少数民族地区
中职学生"期待效应"教育模式运用实例

——以柳州市第二职业技术学校美术设计专业为例

秦怡婷 *

一、案例实施背景

作为一个统一的多民族的社会主义国家，少数民族地区的经济繁荣和民族稳定团结，事关我国现代化建设的全局。然而当前部分欠发达地区农村职业教育发展十分缓慢，能够享受到的教育资源远落后于城市地区。2000 年国家民委、教育部印发《关于加快少数民族和民族地区职业教育改革和发展的意见》的通知，而后的《国家中长期教育改革和发展规划纲要（2010—2020 年）》就是为了助力少数民族地区的教育发展。近年来少数民族地区的中职职业教育在办学规模、办学条件、师资培养培训力度上都得到了很好的提升，为实现教育公平发展打下了坚实的基础。但少数民族地区中职教育依旧存在着以下问题：少数民族生活地区多为西部贫困地区或刚脱贫地区，家庭困难面相对较大，供子女上学的经费较为紧张，家长长期在外打工，老一辈的思想意识落后等。

广西柳州有壮、侗、苗、瑶等 13 个世居民族。柳州市第二职业技术学校少数民族学生占全校总人数的 70%，而这些少数民族学生还有着他们各自民族的特点：① 壮族学生，在长期的融合发展中他们大多来自县城及城市，个性较强，文化基础较扎实；② 侗族学生大多能歌善舞，动手能力强，很多学生家庭已经走出大山进入了县城生活，基本没有因家庭困难辍学的困扰；③ 苗族学生勤劳肯干、安静腼腆，但家庭贫困的相对较多，家里的老人大多不会汉语；④ 瑶族学生憨厚老实，做事认真负责，观念影响使得家长不太支持女孩接受教育。

---

* 秦怡婷，女，校级非遗传承人，讲师，广西工艺美术协会会员。重点研究广西少数民族文创开发设计、民族装饰品设计制作，致力于将少数民族非遗文化与职业教育课程进行融合教学的改革实践。研究方向：工艺美术。

深入分析不难看出，少数民族地区中职学生的共性问题：因大多来自农村，文化基础相对薄弱，接受能力差，自信心不足，心理较为敏感，对专业课的学习经常力不从心。而在对少数民族地区中职学生进行教育教学时，教师常会因以上问题对这些少数民族地区中职学生持低期望态度，放低对他们的要求和期许，使得学生不愿意参加各种课堂教学及课外活动。

二、做法与过程

在课堂的教育教学和实训中找方法、多尝试后，发现少数民族地区中职学生更需要在各个方面来对其进行赞美、肯定及期望，发挥皮格马利翁效应，即教育心理学上的"期待效应"。下面通过一个实例来说明。

2019级美术设计班少数民族学生占班级总人数的三分之二，由于优质教育资源稀缺，少数民族地区的孩子在九年义务教育阶段没能系统地学习绘画，因此在学习素描这样的基础课时，有的学生连基本的削笔都没有尝试过，又因为性格腼腆内向，也不会主动向教师寻求帮助。在传统教育教学的影响下，老师常常会根据学生的能力分层级进行课堂教学。例如，同样是一点透视的作业，对于一般的学生，老师会要求他们绘制 9 个不同方向的一点透视的椅子，而对这些学生则要求他们绘制 9 个不同方向的矩形。教师对少数民族学生的低要求及不重视，在态度和语言上往往会让学生察觉到教师对其的期望值低，让学生产生了"我不行、我不会"的自我否定心理。我们在课程中运用"期待效应"教育模式，根据少数民族学生集体观念较强且合作意识较好的特点，首先我们在教学中开启小组互助的方式进行教育教学，让基础好的学生作为学习小组长，在老师无法全面照顾时，及时为同学们解决学习上的问题。其次就是转变对少数民族学生低期望的态度，对少数民族学生要有"能学好"的信念，推荐他们多参加各类社团，美术设计班某学生就是老师通过社团活动发现了其动手能力很强，推荐她进入非遗葫芦雕刻工作室进行葫芦雕刻的专业技法学习和训练，在工作室学习锻炼的过程中，该学生通过雕刻认识到学习绘画及设计的意义，越发勤奋练习绘画，并能积极交流沟通，人也变得自信开朗，在班级里更是能担任学习小组长带领基础较差的学生互助互学。

将教育心理学上的"期待效应"运用到职业教育教学改革中，重点在于教师通过了解少数民族学生的原生文化，关怀帮助处境不利的学生。教师首先要将自己对学生的低期望态度转变为高期望态度，采取适合他们的教学策略，从情感到行动给予学生更多的教育关爱。

三、成效与反响

在实践教学中，教师针对少数民族地区中职学生采用"期待效应"教育模式取得了一定的成效。

合理的期待激励每一位学生成长。不同区域、不同文化背景的学生应当根据学生实际情况给予合理的期待，尽量做到教学过程与少数民族地区中职生特点、学习风格及背景文化相一致，使他们切身感受到教师潜移默化的激励和期待。

2016级工艺美术班的某学生后期开始担任班长，通过自身努力提升带动了班级其他学生共同参加社团，并在老师的指导鼓励下联合服装班、美术班和本班的学生共同参加了柳州市首届青少年动手能力电视大赛，并在大赛中自信地介绍作品打动评委，最终取得了全市第二名的优异成绩。其后更是积极完成班级各项管理工作，同时总结出具有工艺美术班级特色的班级活动管理方案，带领班级同学积极参加学校的各项文体活动并多次获奖，班级最终获得了市级优秀班级称号，该学生也成功地考取了一流高职院校并在学院担任学生会主席，为高职院校的发展继续发光发热。

2019级美术设计班的某学生在工作室老师的指导下完成了葫芦雕刻作品《侗听富禄》，该作品获得了广西工艺美术"八桂天工奖"的鼓励奖。老师的激励和帮助让该学生不断发掘自身潜力，带领本班同学及兼顾其他专业同学特长组建了"葫氣仔"民族文化产品研发团队，在工作室老师、企业专家及非遗文化传承人共同指导和努力下，通过调研、设计，制作出了具有民族特色的文创产品，并在学校的支持下取得了专利。这一系列产品在第六届"互联网＋"大学生创新创业大赛广西区选拔赛的职教组中获得了金奖，同年获中华职业教育创新创业大赛广西区选拔赛中职组一等奖，之后更是在中华职业教育创新创业大赛全国总决赛中获得了一等奖的好成绩。

四、问题与不足

少数民族是国家发展振兴的重要组成部分，少数民族地区中职学生的教育更是重中之重，在"期待效应"教育模式下，我们积极为学生创设和谐、向学的温暖学习环境，让少数民族地区中职学生在学习中树立文化自信，发奋自强。当然我们目前的"期待效应"教育模式还需要进一步提高和完善。

首先，单一"期待效应"教育模式在一定时期不能满足学生对自己更进一步的认可，应尝试开启双边期望，"期待效应"教育模式不应该只是老师面向学生，还应该将少数民族地区的家长也纳入其中，对家长的"期待效应"教育可以使得少数民族地区的家长在提升对自己的认可，在家庭教育时能全面看到孩子的优点，更加理解、关怀孩子，从而提升孩子对家庭的认可和责任心。双边期望，能够让我们从更多的方面发现学生的闪光点，学生能够得到更多的肯定从而更加自信自强。

其次，师生都要切实树立对少数民族特色文化的尊重和认同态度。这需要尊重所有少数民族的习惯和背景文化。为此，教师要带动学生用发现美的眼睛看待少数民族特色文化，努力做到习近平总书记在出席全国民族团结进步表彰大会上强调的"促进各民族像石榴籽一样紧紧拥抱在一起，推动中华民族走向包容性更强、凝聚力更大的命运共同体，共建美好家园，共创美好未来"。

最后，在职业教育提质培优的当下，少数民族地区中职教育更需要做好普职融通、产教融合、校企合作、国际交流。以少数民族中职生特色特长为导向，以"期待效应"教育模式为抓手，提升少数民族地区中职学生的综合素质，弘扬中华民族文化，从而实现"人人皆可成才、人人尽展其才"。

搭建"小先生"制学习平台，
提升少数民族地区中职学生综合职业素养实例

——以柳州市第二职业技术学校侗族打油茶社团为例

罗媛媛 *

一、案例实施背景

随着国内经济形势的发展，企业用工标准也在发生转变，与熟练掌握职业技能相比，具有团队合作精神、与人沟通能力、爱岗敬业等优良职业素养的中职毕业生更易受到企业的青睐。提高中等职业技术学校学生的职业素养，使其在具有过硬的专业技能的同时更具有良好的职业素养是现代中职教育的重要任务。近年来中职毕业生的数量逐年增加，就业竞争日趋激烈，中职学生想要获得更多的就业机会，走入工作岗位能够受到企业的认可，取决于他是否具备一定的专业技能和企业工作岗位认可的职业素养。因此，运用正确的方法培养少数民族地区学生的职业素养就显得尤为重要。柳州市第二职业技术学校位于广西壮族自治区，很多学生来自三江侗族自治县。为提高学校侗族学生的民族自豪感和综合职业素养，学校自 2014 年以来，组织老师深入了解和挖掘侗族文化，对侗族的歌、茶、画、饮食等方面的技艺进行了分类归纳，并且通过专业联动的方式，对侗族技艺进行了体系化设计，将侗族大歌、侗族打油茶、侗族农民画、侗族百家宴等非遗项目整体引入课堂，渗透到专业课程学习当中。学校搭建了三级传承人师资队伍建设模式，即非遗传承人＋校内教师（校级技能大师、专业骨干教师）＋专业学生，在专业技能学习的同时，通过民族文化和技艺的渗透，提升少数民族学生的职业素养。在培养过程中发现，在民族技艺老师匮乏，少数民族学生学习目标不明确、自主学习能力欠缺的情况下，借鉴陶行知先生的"小先生"制教学

---

* 罗媛媛，女，讲师，柳州市第二职业技术学校旅游专业带头人，校级非遗传承老师，在校主授"咖啡制作""营养膳食"课程，拥有 SCA 中级咖啡师、高级茶艺师、高级中式面点师证，获得 2019 年柳州市优秀教师称号。研究方向：旅游专业，侗族打油茶方向。

思想，搭建"小先生"制学习平台，能更有效地提高学生的学习效率和综合职业素养。具体以柳州市第二职业技术学校侗族打油茶社团为例。

二、做法与过程

陶行知先生的"小先生"制为1932年开展普及教育运动时创立的一种教学和学习方式，创办之初是针对旧中国的普及教育。随着教育事业的不断发展，"小先生"制被推广到教育事业的各个领域。所谓"小先生"就是以教师身份承担"教学"的学生，他们是具备良好的品德、管理与组织能力、专业能力的学生。柳州市第二职业技术学校侗族打油茶社团以陶行知先生的"小先生"制为理论依据，结合侗族学生的实际情况，从社团中选出专业能力强、职业素养高、热爱家乡文化的侗族学生代表作为"小先生"，培养一届又一届的社团成员。具体实施如下。

（一）确定"小先生"制侗族打油茶社团的要求

首先组建柳州市第二职业技术学校侗族打油茶社团，按照侗族打油茶社团的性质，招收侗族学生进入社团。社团成员的特点是或多或少掌握打油茶的技艺，喜爱家乡文化。社团成立后，校内非遗传承教师每周对社团成员进行定期培训，从侗族饮食文化、侗族民俗、打油茶文化和技艺、敬茶歌、打油茶表演形式等各方面教授侗族打油茶技艺，并在培训过程中有针对性地观察社团成员，选出打油茶技能突出、有较强的组织协调能力和口头表达能力、有很强的责任心和团队意识、有服务同学的意识和奉献精神的社团成员作为"小先生"。

（二）组建"小先生"为核心的侗族打油茶学习社团

"小先生"选定后，校内非遗传承教师对侗族打油茶社团进行分层指导，一是对普通社团成员进行日常侗族打油茶技艺教学，二是对社团"小先生"做额外指导培训，组建"小先生"为核心的学习社团，加强打油茶技艺的训练和民族文化的学习，指导他们学习如何制定学习目标和计划、如何开展教学活动、如何管理社团等，为日后当"小先生"做基础，通过一系列针对性的培训，扎扎实实地把他们培养成社团"小先生"。

（三）指导社团"小先生"开展全方位的学习实践活动

为了在校园内普及非遗技艺，向更多学生传承非遗文化和技艺，侗族打油茶社团

招新面向全校学生，社团"小先生"发挥其作用。首先由"小先生"制定学习目标和计划，"小先生"按计划负责社团成员的技能训练和辅导，帮助解答成员在训练过程中遇到的问题，负责社团和指导老师之间的沟通联系工作，组织校内校外侗族打油茶展演活动。校内非遗传承教师每周一次对社团进行评估考核，一是及时掌握社团成员对打油茶文化和技艺的学习情况，加强过程检查和指导；二是对"小先生"的教学成果做出监督、反馈和调节。

三、成效与反响

（1）"小先生"制以"学生教学生"的方法贴近学生实际，倡导学生自主、合作、探究的学习方法，调动了学生的积极性，更容易让学生接受和掌握，同时也发挥了学生之间相互鼓励、相互监督、相互竞争的作用。这样的学习模式与老师的直接讲授相比，学习效率明显提升。通过"小先生"侗族打油茶社团的实践活动，社团学生为学校民族类活动展演二十多场，参加全国各类非物质文化遗产民族类比赛中，获全国三等奖一个、全区二等奖一个，社团中的三名"小先生"被评为2021年度柳州市第二职业技术学校民族团结先进学生。

（2）侗族打油茶社团中的"小先生"原本都是中职学校专业班级中的一名普通学生，他们来自少数民族地区，基本没离开过居住地，进入社团接触到自己民族的文化，并通过不断学习成为社团"小先生"后，自信心增强，敢于在公众场合表现自己。例如，社团中的其中一位"小先生"，是来自旅游服务与管理专业的一名侗族女孩，她说，"在所学专业中，自己就是一只丑小鸭，身高没有同学高，长相没有同学好看，就连航空礼仪专业课学起来都很吃力，但自从加入'侗族打油茶'社团，把日常在家打油茶技艺通过生动的表演展现出来，觉得身为侗族人非常骄傲，在成为社团'小先生'后，经常参加学校民族展演活动，在学校领导和老师面前不胆怯了，每周给学弟学妹上油茶课，感觉自己就是老师了，是社团搭建的'小先生'平台让我不再是丑小鸭，并且找到了自己的 C 位。"

（3）"小先生"制在民族社团中的运用，既可以让少数民族学生养成"学以致用"的好习惯，展示其思维和学习过程；又可以让"小先生"用所学的知识去解决实际问题。搭建"小先生"制平台，让少数民族学生参与到社团活动中发挥主体作用，个性得到发展，同时锻炼学生的组织管理能力、交际沟通能力和心理承受能力，有效培养学生的职业素养，对其今后的职场行为以及工作态度有着重要的帮助。例如，来自三江侗族自治县的旅游专业社团"小先生"，毕业后就职于侗寨厨娘，不到一年升为餐厅演艺部部长。她说，她能胜任工作并那么快升职，得益于在学校学到的民族技能以及作为社团"小先生"时积累的管理经验。侗寨厨娘的总经理郭朝阳（自治区级侗族打油茶非遗传承人）非常赞赏这一教学模式，她说："该学生在校期间的社团实践让她有足够能力胜任部长职位，并且还能够担任训练新员工的工作，证明了中职学校社团活动的开展对学生个人兴趣爱好的发展和引导是非常有必要的。"

四、问题与不足

中职学校在校学习活动丰富多彩，专业教师的工作量很大，"小先生"制能合理地节约教师的教学时间，并且发挥了学生的学习主动性。但在"小先生"制学习平台运行过程中，仍需加强辅导教师队伍对学生社团的管理指导，"小先生"毕竟是少数民族地区的中职学生，在辅导过程中也会碰到很多问题和困难，还需教师的指导和帮助。建立和完善考核机制。要使"小先生"不断进步，就应对"小先生"的教学做考核、评判和奖励，评选"十佳小先生"等，通过评估考核，激励学生的学习积极性和主动性。

职业教育助乡村振兴征途上绣出民族团结侗美之花

——以柳州市第二职业技术学校继续教育处为例

林桂文

一、案例实施背景

习近平总书记在 2020 年 3 月召开的决战决胜脱贫攻坚座谈会上指出，"要接续推进全面脱贫与乡村振兴有效衔接，推动减贫战略和工作体系平稳转型，统筹纳入乡村振兴战略，建立长短结合、标本兼治的体制机制。"在 2020 年全国两会期间，习总书记强调"要确保我国现行标准下农村贫困人口在今年内实现脱贫，要着力解决农业发展中存在的深层次矛盾和问题"。《2020 年政府工作报告》作出了"落实脱贫攻坚和乡村振兴举措，保障重要农产品供给，提高农民生活水平"的工作部署。2020 年既是脱贫攻坚收官期，也是脱贫攻坚战略向乡村振兴战略转型的接续期，职业教育既要服务决胜脱贫攻坚，更要主动向服务乡村振兴转型。

柳州市融水苗族自治县保江村，曾经是"十三五"期间的深度贫困村，以侗族和瑶族为主，为解决该村就业机会少、就业难的困境，提升群众自主发展能力、就业创收能力，柳州市第二职业技术学校充分发挥职业学校的优势和技能大师工作室的作用，将侗绣技艺传承、技能培训与产业相结合，培养有文化、懂技术、能创业、会经营的新型农民，助力乡村振兴。

二、做法与过程

由于保江村人口以侗族和瑶族居多，学校技能大师对这两个民族的服装进行了调研。侗族服饰以蓝、黑为主色调，分别在上衣的领口、袖口和衣摆处加以色彩斑斓、精美动人的侗绣图案，给服饰增添气氛（图 7-10-1）；下装为黑色百褶裙，衬托服饰的灵动感。瑶族服饰以红色为主色调，瑶锦、瑶绣是瑶族服饰特色所在，线条分格有序，几何图形图案、色彩完美统一，服饰生动活泼，给人们留下深刻印象。

图 7-10-1　侗族服饰

　　如何让这些非遗文化保留下来呢？如何让非遗文化走出大山，创造家庭收入，振兴乡村经济，从零星刺绣家用品转变为现代的民族刺绣工艺品呢？学校依托继续教育处开展技术扶贫系列社会服务工作，具体采用了以下做法。

（一）以点带面，促学传非遗，团结向心力

　　学校以融水县白云乡保江村为中心，动员保江村及周边村屯贫困人员参加培训班，让他们实实在在享受职业技能提升的快乐，达到技能脱贫的目的（图 7-10-2 至图 7-10-6）。

图 7-10-2　民族刺绣文化宣讲动员活动

图 7-10-3　技能大师传授现代技艺

图 7-10-4　民族刺绣培训班 1

图 7-10-5　民族刺绣培训班 2

图 7-10-6　绣出新农村新气象

（二）以赛促进，提升技能，民族团结进步

坚持"扶贫与扶智"结合，"输血与造血"并重，以务实的精神推进技能扶贫和民族团结工作，组织学员先后参加柳州市第八届工艺美术展、2020年柳州市全民终身学习周等活动（图7-10-7、图7-10-8）。

图 7-10-7　2020年柳州市全民终身学习活动周

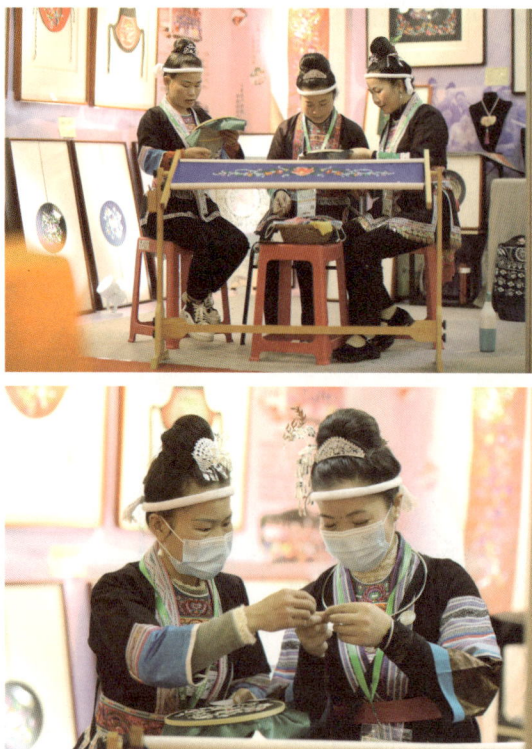

图 7-10-8　2021"金凤凰"创新产品设计大赛现场展示

（三）校村合作促增收，民族团结一家亲

学校为了弘扬民族文化、传统文化，用产业来把扶贫和振兴乡村做实，团结留守妇女和在家务农的人们，帮助他们成立"融水多耶侗绣手工刺绣专业合作社"和建立"民族刺绣技能提升培训基地"，设有标准手工刺绣工作室，配套相关设备（图7-10-9、图7-10-10）。

图 7-10-9　建立"民族刺绣技能提升培训基地"

图 7-10-10　标准手工刺绣工作室

专业合作社与技能提升培训基地并行，通过"绣花针挑起生活重担"一轻一重的交替技能提高，解决贫困社员居家就业产品销售的问题，增加其家庭收入，逐步走向小康生活（图 7-10-11、图 7-10-12）。

以多种形式技能提升的乡村振兴服务行动模式，积极助推"产业兴旺、生态宜居、乡风文明、民族团结、生活富裕"的美丽乡村发展，为实现乡村振兴、推进我国民族团结进步事业而奋斗。

图 7-10-11　民族刺绣技能提升培训

图 7-10-12　民族刺绣技能提升培训结业与作品展示

三、成效与反响

柳州市第二职业技术学校在技能扶贫工作中以"培训一人，就业一人，脱贫一户"为目标，让学员体验学习技能和创作的快乐，把老师教的技能结合本民族的特色，创作出新的刺绣作品，让具有民族特色的刺绣作品走出大山，走进大都市，让更多的人了解民族刺绣，扩大知名度，达到技能脱贫的目的。这个模式作为柳州市总工会2021年教育扶贫创新项目。

学校助力当地村户在第56届全国工艺品交易会仿真植物及配套用品展暨2021"金凤凰"创新产品设计大赛中，来自大山里的"绣娘"们现场展示民族刺绣技艺，吸引了大批观众驻足。经过中国工艺美术协会评选，学校选送的四个系列创新作品——《惊梦》《蜕变》《吉祥宝贝》和《春暖花开》在众多参赛作品中脱颖而出，取得一金一银二优秀的好成绩（图7-10-13至图7-10-15）。

图 7-10-13　手工刺绣系列作品《惊梦》获得 2021 "金凤凰" 创新产品设计大赛金奖

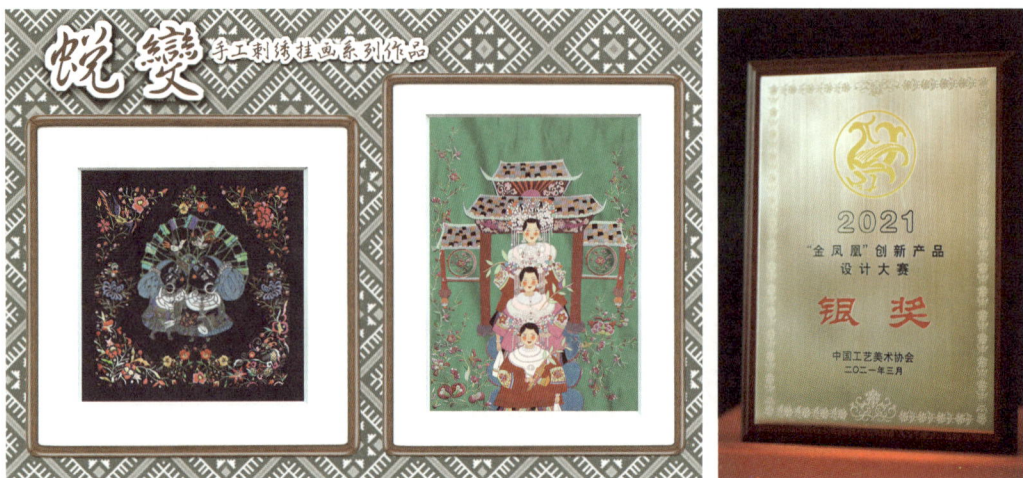

图 7-10-14　手工刺绣挂画系列作品《蜕变》获得 2021 "金凤凰" 创新产品设计大赛银奖

图 7-10-15　手工刺绣肚兜系列作品《吉祥宝贝》和手工刺绣桌旗系列作品《春暖花开》获得优秀奖

第十一节　论文汇编

侗族非遗"侗寨·五娘"的基本内涵与文化特征

黄煜欣

摘　要：　"侗寨·五娘"民族文化品牌作为代表侗族文化的非物质文化遗产，对于宣传侗族传统文化、促进侗族经济发展具有至关重要的作用。为了能够促进"侗寨·五娘"的发展，本文主要站在基本内涵与文化特征的角度对"侗寨·五娘"的相关内容进行了深入的剖析，以期能够促进侗族文化的进一步传承。

关键词：侗寨·五娘；非遗保护；基本内涵；文化特征

近年来，随着社会的不断进步，国家对于传统文化的重视程度不断增加，并发布了相应的政策指示，这给予职业院校很大的期望。通过在职业院校中开展民族传承与创新工作，不仅能够提升在校学生的民族文化素养，还能够促进当地非物质文化遗产的可持续发展。经过调查发现，虽然职业院校对于传承传统文化给予了足够的重视，但是最终取得的效果却不甚理想，原因是很多职业院校没有通过合适的方式将非遗盘活，所教授的传统技术也没有与社会需求接轨，这就导致最终培养出的学生毕业后无用武之地。因此，未来职业院校在进行人才培养时，需要接轨民族特色产业[1]。

我国是一个多民族国家，而侗族的历史自春秋战国时期便有相关文献记载。为了响应国家乡村振兴战略的号召，也为了能够帮助侗族人民与现代生活接轨，有关部门就需要通过多方手段来发展侗族经济，最有效的方式就是利用侗族的非物质文化遗产来建立民族文化品牌，利用侗族的非物质文化遗产来帮助侗族人民提升经济效益。在这样的形势下，柳州市第二职业技术学校为了响应政策，历时 8 年，对当地侗族非物质文化遗产进行了仔细的调研，最终通过专业群联动的方式，将侗绣、侗歌、侗茶、侗画、侗宴这五项拥有侗族元素的非遗技艺进行融合，进而形成目前享誉全球的"侗寨·五娘"民族文化品牌。虽然目前"侗寨·五娘"这一文化品牌已经得到当地政府以及社会的认可，但是在接下来的日子中该如何对"侗寨·五娘"进行更好地宣传与推广也十分重要。因此，本文通过对侗族非遗"侗寨·五娘"的基本内涵与文化特征进行深入的分析，进而促进"侗寨·五娘"的进一步发展，以期能够促进侗族非遗的可持续发展。

一、侗族非遗"侗寨·五娘"的基本内涵

为了能够深入了解侗族非遗"侗寨·五娘"的基本内涵，首先需要对以下这些问题做到心中有数。"侗寨·五娘"作为非遗具体指的是什么？对这个问题的思考是我们对侗族文化保护途径进行研究的逻辑起点。

（一）"侗寨·五娘"的源头

随着时代的不断发展，很多传统技艺都因无法适应目前人们的生活需求而逐渐走向没落。柳州市第二职业技术学校通过对侗族丰富的非遗进行整合与重塑，最终形成"侗寨·五娘"这一享誉全球的民族文化品牌。"侗寨·五娘"民族文化品牌主要是对侗族的五个非遗技艺——侗绣、侗歌、侗茶、侗画、侗宴进行了再发展，即通过创新的手段将五种传统技艺进行盘活，并将非遗技艺融入职业技能教学当中，不仅可以提升学生的民族文化底蕴，更深层次的目的是为国家培养具备侗族文化技艺传承与创新能力和意识的高素质技术技能型人才。

（二）"侗寨·五娘"民族文化品牌的创新点

"侗寨·五娘"民族文化品牌主要是将五种传统的侗族技艺与学校专业进行有机结合，进而培养出新型的非遗传承人。例如，"侗寨·五娘"之一的歌娘主要是将侗族大歌这一传统技艺与社会文化艺术专业、学前教育专业进行有机融合；"侗寨·五娘"之一的绣娘主要是将侗绣这一传统技艺与服装设计与工艺专业进行结合；"侗寨·五娘"之一的画娘主要是将侗族农民画这一传统技艺与工艺美术专业进行结合；"侗寨·五娘"之一的茶娘则是将侗族打油茶这一传统技艺与茶叶加工专业、旅游服务与管理专业进行结合；"侗寨·五娘"之一的厨娘则是将侗族百家宴这一传统技艺与旅游服务与管

理专业进行结合。由此看来,在校学生在通过专业联动以及侗族文化技艺的学习后会对侗族优秀文化产生更多的认同感以及民族自豪感。通过加强"侗寨·五娘"的宣传,能够将非遗技艺传承与贯彻落实精准扶贫政策相结合,扶"志"与扶"智"相结合,唤醒和激发侗族女生作为现代女性的自信和智慧,进而促进解决侗族经济发展落后的局面。

(三)"侗寨·五娘"民族文化教育的目的

柳州市第二职业技术学校除了营造良好的文化育人环境外,还搭建了"侗寨·五娘"非遗校内研学平台和校外产商平台,构建形成了一个政、校、企、行多方参与的侗族非遗文化实践共同体。通过这样的基本内涵,最终使得"侗寨·五娘"民族文化教育取得不错的成果:2012年以来,培养校内各民族学生10000余人,已培养七代绣娘,培养歌娘、画娘、茶娘、厨娘各四代。

(四)"侗寨·五娘"民族文化教育的社会价值

通过"侗寨·五娘"民族文化的培养,改变了民族地区学生的人生观和价值观,她们更加追求上进,毕业学生中升读大学的有2000多人,其余就业学生中有不少人走上了自主创业的道路。不仅如此,受"侗寨·五娘"项目的启发,自治区级侗族打油茶非遗传承人郭朝阳创立了三江县侗寨五娘文化发展有限公司,成为柳州市第二职业技术学校的校外实习基地。此外,柳州市第二职业技术学校还为国内各文创企业输送了大量人才。民族文化素养高、技艺精湛的侗族学生代表广西参加全国职业院校中职组服装设计与工艺赛项连续多年荣获了二、三等奖的好成绩,参加自治区级创新创效创业大赛获奖。由此看来,正是由于侗族非遗"侗寨·五娘"丰富的基本内涵,从而使其能够稳步发展,并为侗族人民带来发展的希望。

二、"侗寨·五娘"的文化特征

《中华人民共和国非物质文化遗产法》中对非物质文化遗产有着非常明确的规定,即各族人民世代相传并视为其文化遗产组成部分的各种传统文化表现形式,以及与传统文化表现相关的实物和场所。通过对"侗寨·五娘"进行详细的分析可以发现,其文化特征包括以下几个方面[2]。

（一）非物质性

非物质性是"侗寨·五娘"最为重要的文化特征，这是因为相对于物质文化遗产，"侗寨·五娘"在传承的过程中更加强调人与人之间的"口传身授"。值得注意的是，传统的侗族非遗传承模式是以口传手授的方式进行代代相传，虽然这可以保证侗族文化得以流传，但是经过调查发现，很多传承人会将知识和技艺碎片化，进而导致很多优良的传统技艺失传。为了避免这样的事件发生，在对"侗寨·五娘"进行传承的过程中，柳州市第二职业技术学校主要做了以下几个方面工作：第一，为了能够保证"侗寨·五娘"内在知识与技艺的完整性，学校对侗族当地的服饰、手工艺品以及歌舞作品等进行大面积的搜集，防止遗漏。第二，对搜集到的非遗元素进行系统的整理与归类，并分析其文化内涵、技艺表现形式和艺术规律。第三，将最终总结出的精华进行文字化、体系化和课程化的编辑，最终形成侗族非遗系列教材，通过这样的方式就能够保证"侗寨·五娘"的传承效果[3]。

（二）整体性

实际上，非物质文化遗产的传承不仅仅包含传统技艺，还应当包括与其相关的工具、实物、手工艺品等传承载体和文化环境、文化空间以及其所要传达的文化传统和民族精神[4]。"侗寨·五娘"中的每一"娘"非遗技艺都有着其独特的文化传统与文化环境。例如，歌娘不仅需要学习侗歌当中多声部、无指挥、无伴奏的表演形式，还需要了解其形成的渊源。侗歌一般是在侗族的重大节日以及接待贵客的情况下才会在独具侗族特色的鼓楼中进行，因此，歌娘在传承的过程中不仅需要清楚其演唱的技艺，更应当清楚侗歌的文化背景。如果"侗寨·五娘"在传承的过程中忘记了非遗的整体性，那么就会造成最终的传承毫无意义，而侗族的非遗也会失去其发展的环境与文化内涵。

（三）民族性

非物质文化遗产另外一个比较重要的文化特征就是民族性。经过调查发现，以往很多专家、学者在传承非物质文化遗产的过程中忽视了民族的重要性，因此，为了避免这样的事情发生，"侗寨·五娘"在传承的过程中应当始终与侗族人民的生活、生产方式保持联系，只有通过这样的方式才能够使侗族的传统技艺逐渐"复活"，而不再是"濒危"技艺。不同民族的文化在创造的过程中都会受到人们实践活动的影响，因此，非物质文化遗产能够反映不同民族间独特的价值观念以及情感表达[5]。然而，在以往的非遗传承过程中，有关人员仅仅通过单一的传承方式来对不同民族的非遗文化进行传承，这不仅会影响传承的质量，还会加剧传统文化与技艺的没落。因此，"侗寨·五娘"在传承的过程中吸取了以往的失败经验，对传承的方式与手段进行了很好地创新，使其紧贴非遗的民族性特点，从而促进侗族传统文化的发展。例如，柳州市第二职业技术学校为了能够使学生对侗族的传统技艺有更深的理解，聘请非遗传承大师常驻学校，承担授课，亲传技艺，促进学生近距离接触非遗文化及技艺，延拓非遗技艺传承覆盖面，不仅如此，学校还构建自身非遗传承技艺教师队伍，依托非遗大师工作室，培养校内技能大师，支持校内教师与非遗传承大师通力协作，共同制定专业人才培养方案、编写教材与授课，以系统的理论教育规范技艺传承。除此之外，学校还建立了学生创客空间，教授学生传统技艺与创新理念，引入文创项目，邀请非遗传承人授课，校级技能大师、企业技术人员、校内骨干教师一对一项目分组指导，学生自主研发作品，构建形成了三级传承人队伍，三个层次协同共进，从而提升民族文化技艺人才培养实效。

（四）活态传承性

非物质文化遗产在传承的过程中最主要的目的就是为本民族的人们传授祖祖辈辈的生存经验与生活方式，通过这样的方式能够凝聚民族的自信心。由此看来，"侗寨·五娘"在传承的过程中强调的是人们的主观能动性，只有将代表侗族文化的五种技艺进行整理与再创新后，再通过授课与实习的方式才能使学生对其有更深的理解。

随着社会的不断发展，人们的生活方式发生了翻天覆地的变化，很多非物质文化遗产由于无法适应人们对于现代生活的需求而逐渐被遗忘。因此，为了使"侗寨·五娘"在新时代获得更长远的发展，就需要激发其活态传承性，在对侗族传统文化与技艺进行传承的过程中，融入新时代的元素，从而使非物质文化遗产得以变异和创新。具体做法主要包含以下几点内容：第一，柳州市第二职业技术学校为了能够全面地传承侗族非遗文化，就需要去当地寻找优秀的技艺传承人与学校的专业教师团队进行深入合作，在这个过程中专业教师需要向非遗传承人学习传统技艺，了解其文化内涵和民俗风情。第二，专业教师在对侗族的传统文化有了全面的了解后，需要从中归纳、提炼出侗族元素，寻找出侗族非遗文化与现代文化的最佳契合点，用现代表现手法进行再创造，形成民族服饰品类、民族工艺品类、民族歌舞表演类和民族饮食文化类等系列现代文创作品。这一过程是至关重要的，只有进行合理的再创造才能够将侗族文化盘活。第三，打通侗族文化的产业化发展道路，通过这样的方式能够将非物质文化遗产运用到侗族人民的日常生活中，进而为侗族人民带来较大的经济收益，最终帮助侗族人民实现脱贫致富的目标。

（五）多元性

所谓多元性就是指非物质文化遗产的存在形态和表现形式的差异[6]。侗族人民在发展的过程中形成了较多的传统文化与技艺，因此，"侗寨·五娘"将侗族人民多年的精华进行有机融合，始终围绕"侗绣、侗歌、侗茶、侗画、侗宴"这一核心内容，将"五娘"文化技艺传承与学校多个专业的人才培养相结合。除了通过专业联动和系统的侗族文化技艺学习的方式来强化学生对侗族优秀文化的认知感外，还会借助主题鲜明的校内外侗族非遗技艺的文化交流和展示活动来调动学生积极参与的主动性，提高学生对侗族文化的认同感。此外，学校还会通过组织学生参加丰富多彩的非遗传承活动，来展现侗族绚丽多姿的文化风采，提升学生的自豪感。学校还建设了侗族非遗展示及传承的场所，其中有：韦清花侗绣大师工作室、张礼全工艺美术大师工作室；校级名师工作室，包括陈美娟民族服饰创意工作室、张慧民族歌舞工作室、徐娟民族包装创意工作室以及伍依安民族创意家居工作室。通过工作室化的项目教学方式，能够使"侗寨·五娘"的相关课程项目达到作品化、产品化、商品化，从而帮助侗族人民依靠传统的手工艺实现经济收益。由此可以看出，通过上述多元化的方式对非物质文化遗产进行传承，能够培养出优质的侗族文化技艺人才，从而带动侗族经济的发展。

三、结束语

通过上述的分析可以发现，侗族非遗"侗寨·五娘"对于宣传侗族传统文化、促进侗族经济发展具有至关重要的作用。为了能够促进"侗寨·五娘"的发展，本文主要站在基本内涵与文化特征的角度对"侗寨·五娘"的相关内容进行了深入的剖析，通过这样的方式能够使更多的人了解到侗族文化传承过程中的关键点。因此，有关部门在宣传和发展侗族非遗的过程中应当对这些关键点给予足够的重视，只有了解侗族发展中的根本问题，才能够真正促进侗族文化传承与发展。

参考文献

[1] 胡艳丽，曾梦宇. 侗族非物质文化遗产保护和传承初探 [J]. 凯里学院学报，2011，29（2）：110-112.

[2] 杨军昌. 侗族非物质文化遗产的社会功能与传承保护 [J]. 中南民族大学学报（人文社会科学版），2014（2）：39-44.

[3] 曾梦宇，胡艳丽. 侗族非遗的社会功能及馆藏传承作用发挥 [J]. 兰台世界，2012（2）：69-70.

[4] 姚莉. "文旅新时代"非物质文化遗产保护的机遇与挑战——以玉屏县侗族非遗为例 [J]. 贵州师范学院学报，2018，34（7）：47-53.

[5] 张慧. 侗族非物质文化遗产传承实践与探索 [J]. 新教育时代电子杂志（教师版），2019（16）：195.

[6] 胡艳丽. 侗族非物质文化遗产跨区域保护、传承和开发初探 [J]. 学理论，2011（11）：122-123.

【课题名称】2020 年度柳州市职业教育一般课题"民族地区职业教育助推乡村振兴的策略研究"（项目编号：LZZJS2020C051）。

"侗寨·五娘"非物质文化遗产的可持续性发展研究

卿助建

摘　要：随着社会的不断进步，人们对于非物质文化遗产的重视程度逐渐增加。为了更好地对非遗进行传承，就需要对非遗的可持续发展进行深入的探究。本文主要针对"侗寨·五娘"非物质文化遗产进行相应的分析与研究。首先对"侗寨·五娘"非物质文化遗产的现状进行调查与研究，并提出可持续发展的研究意义，最终分析了包含"侗寨·五娘"在内的大多数非物质文化遗产所面临的问题，进而根据这些问题提出相应的解决方案，具体包含三个方面：第一，增强社区的认同感，继而使非遗有了真正的"根"；第二，充分发挥学校文化育人功能，大力培养非遗人才；第三，非遗的发展还需要有关部门以及社会团体的辅助，只有通过这样的方式才能够为非遗的传承人提供更多的社会空间。

关键词：非物质文化遗产；侗寨·五娘；可持续发展

一、"侗寨·五娘"非物质文化遗产的现状

（一）现状

近年来，随着社会的不断发展，越来越多的人意识到传承非物质文化遗产的重要性。虽然有关部门对此给予了足够的重视，但是最终取得的效果却微乎其微，这是因为大部分传承人只是单纯地将传统文化与技术呈现出来，并没有经过改进与创新，这就导致最终传承的非物质文化遗产与现代社会格格不入，最终难以逃脱没落的命运。由此看来，实现非物质文化遗产的传承需要依托可持续发展的理念。

柳州位于广西壮族自治区中部，有30多个民族聚居，具有浓郁的乡土文化和民族文化气息。其中，侗族作为我国一个拥有悠久历史的少数民族，其包含的非物质文化遗产十分丰富、珍贵。因此，在推进乡村振兴的过程中，柳州市第二职业技术学校

承担起职业教育实现民族团结进步的使命，依托地方资源和专业优势，将柳州市三江侗族自治县侗族各种"非遗"传承项目与学校专业建设相结合，以侗族非遗项目"侗绣、侗族大歌、侗族打油茶、侗族农民画、侗族百家宴"为核心内容，形成了"123＋N"现代传承育人模式，打造"侗寨·五娘"非遗传承品牌。这一传承育人模式取得了显著的育人效果，不仅将当地侗族珍贵的非物质文化遗产真正盘活，还将其传播到国内外，使更多的人了解到"侗寨·五娘"的特色与文化。例如，学校创作的"侗寨·五娘"侗族服饰赴新西兰、澳大利亚展演获巨大成功，荣获"最具文化品牌奖""最佳设计师奖"；出版侗族非遗系列教材 5 本；"侗寨·五娘"歌舞秀节目受邀在中国－东盟博览会、中越青年大联欢等大型活动中展演；2016—2020 年柳州市第二职业技术学校师生创作的侗元素工艺品参加全国、全区、全市的工艺美术品展获大奖 30 多项，获国家外观设计专利 11 项。除此之外，近年来，柳州市第二职业技术学校在传承"侗寨·五娘"非物质文化遗产的过程中为社会持续输出优质人才 3000 余人，毕业学生中绝大多数在当地企业就业或回到家乡自主创业，服务地方文化产业经济发展。由此可见，对"侗寨·五娘"非物质文化遗产实施可持续性发展十分关键。

（二）可持续发展的意义

近年来，全球化经济得到了迅猛发展，越来越多的人意识到发展我国的软实力离不开对我国优秀的传统文化进行传承与发展，通过这样的方式能够使全世界更加了解中国、尊重中国。在这一过程中，非物质文化遗产的可持续发展就发挥着至关重要的作用。对非物质文化遗产实施可持续发展，不仅有助于加深子孙后代对传统文化与技艺的了解，而且还能够增强我们的民族自信心与认同感。由此看来，保护非遗具有重要的意义[1]。

（三）"侗寨·五娘"非物质文化遗产目前面临的难题

经过调查发现，包含"侗寨·五娘"在内的很多非遗项目存在着共同的难题，那就是传承。究其原因是没有将非物质文化遗产真正盘活，越来越多的年轻人不愿意揽下传承人的重任，这导致侗族很多优秀的传统技艺找不到合适的传承人，技艺传承出现断层。因此，为了能够实现"侗寨·五娘"非物质文化遗产的可持续发展，就需要对当代年轻人进行兴趣培养，让他们从小在这样的环境中耳濡目染，通过这样的方式可以使越来越多的年轻人对"侗寨·五娘"产生兴趣。除此之外，目前对"侗寨·五娘"非物质文化遗产进行深入研究的专业技术人员较少，因此，亟需一批掌握"侗寨·五娘"技艺，拥有现代设计知识、审美能力，并且接受过培训和高等教育的人才队伍[2]。另外，任何非物质文化遗产的传承都离不开社区的认同感，同样地，没有社区认同感，"侗寨·五娘"的传承将失去现实意义。最后，国家层面对指定的非物质文化遗产传承人的保护与教育也非常重要。对于上述的这些问题，本文主要通过以下三个方面进行具体的阐述。

二、增加"侗寨·五娘"非物质文化遗产的社区认同感

社区归属是非物质文化遗产项目获得认定的必要条件。按照国际惯例，非物质文化遗产项目必须有明确的社区归属，没有明确社区归属的文化项目不能认定为非物质文化遗产。但实际上，虽然"侗寨·五娘"中的侗歌、侗绣、侗茶、侗画、侗宴这五项民族非遗技艺与民众生活关联紧密，但由于这些非遗项目缺乏创新和创造性转化，难以实现预期的经济效益，且与新生一代追求现代、科技、时尚、创新的理念冲突，导致民众对它们的认同感低[3]。经过调查发现，虽然很多职业院校都在积极地进行各种非遗技艺的传承与教育，但是很多职业院校在对非物质文化遗产的教育传承过程中忽略了民族社区的重要性，这就导致学生在职业院校受到的教育无法与社区内的非物质文化遗产相容，这种肤浅、单一的教育模式会导致职业院校的非遗教育走向失败。因此，在对"侗寨·五娘"进行传承教育的过程中需要从民族社区中汲取传统技艺的精髓，最终使学生在职业院校中所学的传统技艺能够真正在民族社区中得以施展与应用。

职业院校可以在民族社区中搭建非物质文化遗产传承教育的实践平台，通过这样的方式能够将学校教育延伸到民族社区中，从而促进学校教育与社区非物质文化遗产的相互交流与融合。以"侗寨·五娘"中的"歌娘"为例，"歌娘"在职业院校的教育中只能够学习到多声部、无指挥、无伴奏的表演形式，但是如果想要对侗歌形成的渊源有深刻的了解，就需要深入民族社区中才能够感受到。因此，职业院校在对"侗寨·五娘"之一的"歌娘"进行传承的过程中不仅需要教授学生演唱的技艺，更应当带领学生前往民族社区真正感受侗歌的文化背景。不仅如此，职业院校除了可以聘请

民族社区中专业的非遗传承人到学校教授侗族大歌以外，还可以让学校的师生不定期地深入民族社区进行演唱，通过这样的方式能够使学校教育与社区非遗形成紧密结合的局面，最终达到良好的传承效果。通过上述的分析可以发现，任何脱离原生地的文化传承都是不切实际的。职业院校只有深入民族社区中汲取非遗的文化内涵，才能够使学生学习到真正的侗族传统技艺。

实际上，为了实现"侗寨·五娘"的可持续发展，除了加强职业院校的培养教育工作外，更重要的是加强侗族人民对侗族传统技艺的认同感，只有通过这样的方式才能使侗族人民对自身的传统技艺给予足够的重视。因此，职业院校作为一个非物质文化遗产传承的载体，需要加强"侗寨·五娘"的宣传与保护力度。在这个过程中，职业院校需要对非物质文化遗产的两个传承主体采取不同的措施。"侗寨·五娘"的老一辈传承人掌握着侗族完整的传统技艺与知识，他们位于传承链条的顶端；而"侗寨·五娘"的未来传承人则有着较好的传承意识与思想观念，他们虽然目前处于传承链条的底端，但是却能够带领"侗寨·五娘"走向未来。

对于这两类非物质文化遗产传承人，职业院校应当差异化对待。例如，学校应当聘请专业的老一辈侗族技艺传承人，使其参与到学校的教学工作中。与此同时，职业院校应当创造更多的机会让这些传承人进入学校教育空间进行文化传承。而对于未来的"侗寨·五娘"传承人，职业院校应当增强他们的传承意识和观念，唤醒他们作为传承人的意识和责任。只有通过这样的方式才能使"侗寨·五娘"的传承链条生生不息地延续下去，使非物质文化遗产传承的主体世代相承。

三、加强职业院校人才的传承培养

对于中职学生，可以组织他们走进非物质文化遗产社区，最直观地接触与了解非物质文化遗产，向他们介绍更多的民间知识和相关技能，提高他们学习的积极性。对于高职的学生，则以学习和掌握技能为主，学生可以系统地学习专业知识，同时又具备非物质文化遗产某方面的"绝活儿"，经过时间的历练把他们培养为新的传承人。在校学生在通过专业联动以及侗族文化技艺的学习后会对侗族优秀文化产生更多的认同感以及民族自豪感。通过加强对"侗寨·五娘"的宣传，能够将非遗技艺传承与贯彻落实精准扶贫政策相结合，"扶志"与"扶智"相结合，唤醒和激发侗族女生作为现代女性的自信和智慧，进而促进解决侗族经济发展落后的局面。

除了传承人，还需培养更多的非遗师资。学校应当去当地寻找优秀的技艺传承人与学校的专业教师团队进行深入合作，在这个过程中专业教师需要向非遗传承人学习传统技艺，了解其文化内涵和民俗风情。专业教师在对侗族的传统文化有了全面的了解后，需要从中归纳、提炼出侗族元素，寻找出侗族非遗文化与现代文化的最佳契合点，用现代表现手法进行再创造，形成民族服饰品、民族工艺品、民族歌舞表演和民族饮食文化类等系列现代文创作品。这一过程是至关重要的，只有进行合理的再创造才能够将侗族文化盘活。

四、加强"侗寨·五娘"非物质文化遗产传承人的传承保护

非物质文化遗产保护的实施主体主要有各级政府、学术界、新闻媒体、社会团体及商界人士，政府的高度重视和行政参与及财力支持，会使社会更加重视和尊重传承人，这是传承人的巨大的支持力量[4]。

在"侗寨·五娘"保护与传承中，自2012年以来，柳州市第二职业技术学校培养了侗族学生3000余人，已培养七代绣娘，歌娘、画娘、茶娘、厨娘各四代。通过对"五娘"的培养，改变了侗族学生的人生观、价值观，她们更加追求上进，毕业学生中升读大学的有1200多人，其余就业学生中有不少人走上了自主创业的道路。受"侗寨·五娘"项目的启发，自治区级侗族打油茶非遗传承人郭朝阳创立了三江县侗寨五娘文化发展有限公司，成为柳州市第二职业技术学校校外实习基地，学校为该企业定向培养了100多名毕业生。此外，学校还为国内各文创企业输送了大量人才。

新闻媒体的宣传，加快了非遗传承人身份的认可，提升了传承人及其非物质文化遗产的影响力，得到了更大范围人们的认知和认可。要充分给予传承人话语权和表达的机会，让他们对自己的角色和工作充满自信；政府部门更要积极搭建相关平台，助力他们继续学习和思想交流，让他们走出去，了解更大的世界，让他们明白他们的工作不仅仅是简单地为物质生存而劳动，在新时代，其工作有更高的价值，他们是在为国家文化文明、为世界文化的多样性贡献一份力量，从而使非遗工作成为一种文化自觉与自信。当传承人成为思想和技艺上的引领者时，非遗的保护与创新工作才可能永续发展。只有各界人士紧密合作，充分发挥各自的作用，以其所具有的强大的行政优势、

学术优势、资金优势以及舆论优势来推动，非物质文化遗产传承人及其保护工作才能得以健康运行。

五、结束语

通过上述的分析可以发现，随着社会的不断进步，非物质文化遗产的传承与发展逐渐引起了人们的重视。本文主要站在"侗寨·五娘"非物质文化遗产的角度对其可持续发展进行了详细的研究。研究发现，虽然"侗寨·五娘"非物质文化遗产近年来取得了不错的发展成果，但是仍然存在着一些不容忽视的问题。为了能够彻底解决这些问题，本文提出以下三个解决方案：第一，增强社区的认同感，从而使非遗有了真正的"根"；第二，大力培养非遗人才，培养过程应当贯穿小学、中学至大学各个层次；第三，非遗的发展还需要有关部门以及社会团体的辅助，只有通过这样的方式才能够为非遗传承人提供更多的社会空间。

参考文献

[1] 吴珂，刘乃芳. 非物质文化遗产传承的可持续性发展研究——以大布江拼布绣为例 [J]. 湖南包装，2020（1）：36-39.

[2] 牟宇鹏，郭旻瑞，司小雨，等. 基于中国非遗品牌可持续性成长路径的案例研究 [J]. 管理学报，2020，17（1）：20-32.

[3] 张英. 非物质文化遗产保护与传承的可持续发展研究 [J]. 河南农业，2020（6）：56-58.

[4] 黄梦君. "天工开物"非物质文化遗产文创产品的开发策略研究 [J]. 文艺生活·文艺理论，2020（1）：169.

产教融合视域下"侗寨·五娘"非遗学堂的建设与研究

秦海宁

摘　要：随着社会的不断发展，人们对于非物质文化遗产的重视程度逐渐增加。调查发现，很多专家在对非遗学堂建设的过程中忽略了产教融合的重要性，这导致传统技艺在传承的过程中与社会脱节。因此，本文以"侗寨·五娘"非遗学堂为例，站在产教融合的角度探讨职业学校与地方有关部门在非遗传承与保护上面的互动，从而将非遗盘活，进而促进当地少数民族的可持续发展。

关键词：产教融合；侗寨·五娘；非遗；建设

近年来，国家十分重视产教融合在非物质文化遗产传承中的作用。为了能够使非物质文化遗产在快速发展的当今社会得以发展，就需要通过创新驱动的方式促进文化资源的传承和可持续性发展，进而为当地带来较大的经济收益，在这个过程中，职业学校发挥着至关重要的作用。通过非遗学堂的建立可以使当地的青少年对非物质文化遗产有更深刻的了解，并为非遗商业价值转化注入新鲜的血液，进而促使非遗融入人民群众的现代生活中。

一、以产教融合催生非遗匠心的传承与文创平台的培育

随着社会的不断进步，国家对于产教融合、校企合作做出了新的政策指示。实际上，通过阅读相关文献可以发现，产教融合具有以下两个方面的特点：第一，鼓励学校与企业之间进行合作。值得注意的是，在合作的过程中，双方应当对自身原有的政策制度进行改进，只有通过这样的方式才能够保证学校中培养的优质人才可以在企业中游刃有余地处理事务。第二，随着生产知识的主体逐渐由单一化趋向于多元化，近年来学校与企业之间的关系逐渐趋于模糊。由此看来，深化产教融合的改革，是校企双方在深度对接地方区域经济社会发展的多方需求。这种情况在非遗职业院校与相关企业之间表现得更为明显，这是因为非遗作为一种传统技艺，如果通过产教融合的方式将

其"盘活",那么不仅有利于非遗日后的传承与发展,更能为当地的少数民族带来经济收益,一举两得[1]。

但是经过调查发现,目前很多非遗职业院校在产教融合的过程中都面临着以下问题:非遗文化的传承创新工作不足,这就导致非遗文化无法很好地与学校的专业进行匹配与发展,从而无法满足企业的人才需求。为了能够彻底解决这一问题,柳州市第二职业技术学校作为侗族非遗职业院校组织相关专家和教师组成团队,开展了一系列的民族文化教改课题研究和民族文化传承创新职业教育基地建设工作,历时8年的研究与实践,通过专业群联动,将侗歌、侗绣、侗茶、侗画、侗宴这五项侗族非遗技艺相融互促,打造形成了独具特色的"侗寨·五娘"民族文化品牌。不仅如此,为了能够促进"侗寨·五娘"的产教融合发展,柳州市第二职业技术学校全方位推动"侗寨·五娘"的"123＋N"现代传承育人模式。具体为:1个核心,即以"侗寨·五娘"非遗为传承创新教育的核心;2个平台,即搭建"侗寨·五娘"非遗校内研学平台和校外产商平台;"3"指三级传承人梯队,即非遗传承人＋校内教师(校级技能大师、专业骨干教师)＋专业学生;"N"指整合多个专业,从师资建设、课程建设、艺术创作、校园文化建设等领域,全方位地推动侗族文化融入学校教育全过程,取得成效显著的育人效果。经过调查发现,柳州市第二职业技术学校构建形成了一个政、校、行、企多方参与的侗族非遗文化实践共同体,最终使得"侗寨·五娘"取得了不错的成果:2012年以来,培养校内侗族学生3000余人,已培养七代绣娘,培养歌娘、画娘、茶娘、厨娘各四代。通过"侗寨·五娘"的培养,改变了侗族学生的人生观、价值观,她们更加追求上进,毕业学生中升读大学的有1200多人,其余就业学生中有不少人走上了自主创业的道路。不仅如此,受"侗寨·五娘"项目的启发,自治区级侗族打油茶非遗传承人郭朝阳创立了三江县侗寨五娘文化发展有限公司,成为柳州市第二职业技术学校的校外实习基地。此外,柳州市第二职业技术学校还为国内各文创企业输送了大量人才。由此看来,"侗寨·五娘"非遗学堂的建设深入贯彻了国家提出的产教融合政策。

二、以非遗新经济促进文创产品的创造性转化和创新性打造

2019年6月,首份聚焦当代非遗消费的《2019年非遗新经济消费报告》正式发布[2]。

在这份报告中明确指出：如今随着时代的不断发展，有关人员需要借助销售平台来促进非遗经济的发展，只有通过这样的方式才能够发挥出非遗产品的真正潜力。因此，"侗寨·五娘"非遗学堂在建设的过程中主要通过以下四个方面来对政策进行深度解读。

第一，为了能够使更多的人对侗族非遗有全面了解，"侗寨·五娘"非遗学堂安排专业教师向非遗传承人学习传统技艺，掌握其文化内涵，归纳提炼出侗族元素，寻找侗族文化与现代文化的最佳契合点进行再创造，创新设计侗族服饰品、工艺品、歌舞表演和饮食文化，打通了产业化发展道路。值得注意的是，在这个过程中有关人员应当通过运用新材料、新工艺等手段，使得文创产品在传统和时尚之间形成碰撞，在改变消费者对传统文化的认知的同时，也提升了产品的时代适应性和消费的另类需求性。通过这样的方式能够为一些真正有生命力的侗族文创产品提供展现平台，为社会对非遗活化的模式探索起到了借鉴作用。

第二，近年来，在越来越多的电视节目中都可以看到中国传统文化的身影，这意味着人们对于传统文化的重视程度逐渐增加。在这样的形势下，"侗寨·五娘"非遗学堂通过与文旅局和文化创意联合会的联合指导、非遗人才培养、非遗时尚产品打造、电商公益售卖等举措，积极推动非遗现代生活化、时尚商品化和发展可持续化，并实现对非遗手艺匠人的品牌宣传和产品推广。通过唤醒、激活、赋能、服务"四步曲"，"侗寨·五娘"以"产学研售秀"打通"非遗新经济"全链条，提升学生的知识和技能水平，增强其现代生产与市场意识；在文化研究梳理环节，联合专业院校和研究学者进行非遗研究与梳理，为非遗创新转化提供支持并发起大学生非遗设计项目，吸引多所高校参与，为非遗传承注入新的活力；在产品创新开发环节，撬动时尚品牌和设计师的多元设计力量，将传统美学与现代时尚碰撞融合；在电商平台销售环节，发挥电商平台优势为非遗时尚产品提供全链条线上销售支持；在非遗传播推广环节，为非遗策划年轻化、趣味化的线上新媒体传播事件，在城市商圈和文创基地开展各类跨界联合活动。

第三，"侗寨·五娘"非遗学堂需要加大市场的宣传，使越来越多的人通过"侗寨·五娘"了解侗族的传统技艺。具体可以通过以下几个方面进行推广：首先，"侗寨·五娘"非遗学堂需要引领区内外同类院校，牵头成立中职民族文化传承创新柳州联盟。通过这样的方式能够使"侗寨·五娘"系列成果在同类院校中引起较大的反响。例如，区内的多所职业院校可以到"侗寨·五娘"非遗学堂进行参观学习，并且联合

成立中等职业教育民族文化传承创新柳州联盟，然后通过召开"侗寨·五娘"文化论坛的方式扩大侗族传统文化在国内的影响力。其次，非遗文化的学习应当从中小学生开始抓起，"侗寨·五娘"非遗学堂需要面向中小学，普及侗族非物质文化。例如，"侗寨·五娘"项目可以向柳州市各中小学开展送课进校活动，通过体验式教学树立民族文化意识。再次，"侗寨·五娘"非遗学堂在建设的过程中还应当提高社会的关注度，通过媒体的宣传报道使更多的人了解侗族非遗，进而爱上侗族非遗。最后，"侗寨·五娘"非遗学堂还需要搭建国际交流平台，通过这样的方式将侗族文化介绍给国际友人。实际上，"侗寨·五娘"非遗学堂在 2016—2019 年陆续接待了来自法国、日本和泰国等多所国外职业院校代表团来校进行文化交流。2018 年，"侗寨·五娘"侗族服饰受邀赴新西兰、澳大利亚展演，获得"最具文化品牌奖""最佳设计师奖"；2018 年，"侗寨·五娘"歌舞秀在中国 - 东盟博览会首演；2019 年，柳州市第二职业技术学校与法国里昂职业技术学院签订了合作协议，侗族服饰、侗族打油茶赴法国、意大利展演；2019 年受邀参加中国广西 - 越南广宁青年大联欢演出。这些国际交流平台最终的宣传效果都十分成功，这充分表明了国际友人对侗族非遗文化的肯定。

三、以文化服务搭建侗族文化产业多元化销售体系

众所周知，通过"侗寨·五娘"非遗学堂的教育能够为学生系统地传授侗族的传统技艺技能，是公共文化服务模式下的全民学习教育。这是一种新型的教育实践模式，通过这样的学习模式可以使学生从实际生活中汲取学习的内容，这消除了学校与社会之间的分界线，因此，这一类型的学习模式又被称为服务学习。其主要有两大特点。一是兼容并包。"侗寨·五娘"非遗学堂在进行侗族传统技艺教授的过程中，需要将其与现代化的专业课程进行衔接。例如，"侗寨·五娘"之一的歌娘主要是将侗族大歌这一传统技艺与社会文化艺术专业、学前教育专业进行有机融合；"侗寨·五娘"之一的绣娘主要是将侗绣这一传统技艺与服装设计与工艺专业进行结合；"侗寨·五娘"之一的画娘主要是将侗族农民画这一传统技艺与工艺美术专业进行结合；"侗寨·五娘"之一的茶娘则是将侗族打油茶这一传统技艺与茶叶加工专业、旅游服务与管理专业进行结合；"侗寨·五娘"之一的厨娘则是将侗族百家宴这一传统技艺与旅游服务与管理专业进行结合。二是社会参与。值得注意的是，服务学习与志愿服务以及社会

实践活动并不相同，它们之间存在着本质的区别，这是因为服务学习更加注重学习与服务二者之间的关系。随着服务经济时代的到来，中国经济进入了从"工业经济"到"服务经济"的转型期。在此机遇窗口期，"侗寨·五娘"整合侗族文化产业供应链，打造资源库，利用大数据分析市场需求，帮助工匠更快速、灵活地感知市场，根据目标人群需求，找到价格与品质的最佳平衡点，为市场提供最优性价比的侗寨产品，创造代表东方生活美学的侗寨特色品牌[3]。

四、结束语

通过上述的分析可以发现，随着人们生活水平的不断提升，人们越来越注重精神生活的需求，在这一形势下，人们对于非物质文化遗产的重视程度逐渐增加。因此，本文主要以"侗寨·五娘"非遗学堂为例，站在产教融合的角度探讨职业学校与地方有关部门在非遗传承与保护方面的互动，希望通过这样的方式将非遗盘活，进而促进侗族人民的经济发展[4]。

参考文献

[1]吴隽，肖薇薇.产教融合视域下非遗文创产品的培育与销售[J].销售与管理，2019（12）：89-91.

[2]智英斌.山西省高校产教融合下非遗传承与管理研究——以山西农业大学信息学院为例[J].艺术教育，2019（6）：52-53.

[3]钟妍，刘子川，孔德强.基于产教融合的环境艺术设计专业非遗教学改革研究[J].艺术教育，2020（4）：194-197.

[4]吴以默，维伊图.福建艺术职业学院用实践演绎非遗传承和产教融合[J].东方收藏，2018（2S）：44-45.

以侗族文化传承创新基地建设为依托，打造职业教育特色示范

——以柳州市第二职业技术学校为例

伍依安

摘　要： 在国家经济不断发展的前景下，文化自信、复兴中华民族传统文化已经成为关键工作。目前作为国家非物质文化遗产的侗族刺绣、侗锦织造技艺等民族服饰文化技艺濒临失传，中职学校应承担起传承和弘扬少数民族文化的责任，改革传统技艺传承模式。在民族文化传承背景下，利用民族文化传承创新基地实践教育平台，将民族文化融入中职课程活动中，以侗族文化传承创新基地为载体，实现侗族文化传承与创新，培养具有民族文化知识和技能的人才，为广西区域文化产业发展服务。

关键词： 侗族文化；传承；基地

三江侗族自治县具有绚丽多彩的侗族风情和特色服饰文化，作为国家非物质文化遗产之一的侗绣、侗锦等民族服饰文化技艺濒临失传，中职院校应承担起传承和弘扬柳州少数民族文化的责任，改革传统技艺传承模式，培养具有民族文化知识和技能的人才，为柳州文化产业发展服务。

柳州市第二职业技术学校服务区域经济，勇担职业学校传承民族文化重任，一直致力于侗族服饰文化的非物质文化遗产传承与创新性人才培养研究。在民族服饰（侗族服饰）文化传承创新职业教育基地建设中，开发了三门侗族服饰文化特色专业课程教材和配套教学资源、创设了侗族服饰手工艺社团和侗族大歌表演社团，在侗族特色服饰及工艺品开发方面取得多项市级、区级、国家级工艺美术界大奖，创立了学校的文创品牌"侗礼"等，探索形成了独具特色的侗族服饰文化传承创新职业教育模式——"113模式"，即1条主线、1面旗帜、3个层次协同共进。其具体内涵为：1条主线，即以三江源侗族文化为主线；1面旗帜，即打造1个产学研商一体化实体平台，创立

自主品牌；3个层次协同共进，即从三个层面进行建设，由大师工作室作为主导，引领教师工作室高举侗族服饰文化传承创新旗帜，带领学生创客空间进行学习创作，在传承与创新侗族服饰文化的道路上共同进步。将传统课程融入工作室教学课程，使课程成果达到"作品化、产品化、商品化"，逐步实现"一生一手艺"的培养目标。

2018年1月，教育部认定柳州市第二职业技术学校为第二批全国中小学中华优秀文化艺术传承学校，传承项目为侗族文化艺术。（教体艺函〔2018〕2号）优良的侗族服饰文化传承创新职业教育基地条件，为进一步挖掘、传承侗族非遗文化资源打下了坚实的基础。通过研发以侗族服饰文化传承和创新为主题的特色文化产品，探索其产业化发展之路。

一、传承场所建设

侗族手工技艺传承工作坊（名师工作坊），配置银饰品手工制作工具和条件，供技能大师和专业教师一起开展教学研讨、技艺传承、产品研发、实训教学等工作。服装一体化同步教学室信息化实训条件提升，教师可通过同步录播系统录制或展示民族服饰品手工艺制作实操技能，学生可在工位上同步观看或通过录播系统反复观看，使用信息化教学系统和缝纫机等实操设备进行服装设计、制作的自主学习或技能练习，实现理实一体化及同步教学功能。

二、民族特色课程及信息化教学资源建设

在工艺美术专业、服装设计与工艺专业课程体系原有基础上，增设民族文化特色课程，开发民族文化特色课程——民族图案应用设计，通过系统的课程教学，在专业教学中融入和强化民族文化的传承和创新应用，配套相应的教材和信息化教学资源，辅助教学，提高教学效率和效果。

三、校园社团活动开展

以侗族大歌表演社团、侗族服饰与手工艺传承创意社团为民族文化技艺传承和创新的实施及传播平台，通过组织社团活动，对侗族文化和服饰手工艺等非物质文化遗产进行传承性教学和创新性作品研发，充分发挥其传播和服务社会的作用。

四、民族文化技艺教学团队建设

通过培养 8 ～ 10 名掌握民族文化及传统技艺的专业教师，聘请 2 名技能大师到校参与民族文化技艺教学及培训活动，构建一支由非物质文化遗产代表性传承人、技能大师、学校专业教师组成的侗族服饰文化教学团队，实施和推进民族服饰文化基地建设的各项工作。

基地建设响应国家文化强国战略，采用"113"民族文化传承创新职业教育模式，对接服装设计与工艺、工艺美术、美术设计与制作、学前教育、社会文化艺术、旅游管理与服务等专业教育教学活动及人才培养目标，多专业联动，跨界合作发展，将侗族非遗文化技艺置入不同艺术领域，孵化出多元化的非遗创新作品，并将这些优秀的民族文化作品送出国门。通过纽澳中时尚文化周、中国 – 东盟国际时装周等展示平台，将侗族文化创新成果进行国际化和商业化推广。打造具有民族文化特色的服装艺术类专业群，通过基地建设，培养侗族文化传承与创新人才，服务社会。

参考文献

[1] 李娟. 民族文化传承背景下的高职学生理想信念教育创新 [J]. 教育观察，2018，7（8）：141-142.

[2] 王屹，王立高. 民族文化传承人才培养的探索与实践——以广西中职民族文化传承示范特色项目建设为例 [J]. 职业技术教育，2017，38（6）：62-66.

侗族非物质文化遗产传承实践与探索

张 慧

摘 要：非物质文化遗产对于任何一个国家来说都是文化软实力的重要象征。我国民族众多，民族特色的非物质文化遗产丰富多样。其中，侗族在非物质文化遗产上就有着非常重要的地位。本文首先论述了侗族非物质文化遗产传承的主要模式，然后分析了侗族非物质文化遗产传承中存在的具体问题，并提出应对的措施，为侗族更好地实施非物质文化遗产传承实践与探索提供了参考。

关键词：侗族；非物质文化遗产；传承

侗族有着非常悠久的历史，其民族中的服饰、音乐、舞蹈、故事等民俗都具有独特的民族风情。早在 2012 年，侗族民俗风情中进入省级和国家级非物质文化遗产名录的就有 70 项，而且侗族大歌已经被联合国列入了人类非物质文化遗产名录，在国内外都有着很高的知名度。因此，可以说侗族的非物质文化遗产是我国文化软实力的重要体现，值得我们不断地发扬和传承。

一、侗族非物质文化遗产传承的主要模式

（一）馆藏模式

在我国，馆藏模式是目前比较常见的一种传承文化遗产的方式。具体到侗族非物质文化遗产，馆藏模式主要是将与侗族非物质文化遗产相关的一些物件、器皿、音像资料等藏于馆中。由于受到多方面条件的限制，馆藏的东西仍然以器皿和照片为主。现阶段，涉及侗族非物质文化遗产的藏馆主要有三江侗族生态博物馆、黔东南州民族博物馆、怀化市博物馆，以及通道侗族自治县等。

（二）学校传承模式

学校传承是目前侗族非物质文化遗产传承的一个重要途径，采取的措施主要是民族文化进课堂。无论是小学、中学还是大学，各个层次的学校都有专门的侗族文化课程，

主要涉及侗语教学、侗族大歌等音乐教学、舞蹈教学、手工艺教学等。例如，柳州市第二职业技术学校开发了三门侗族服饰文化特色专业课程教材和配套教学资源，创设了侗族服饰手工艺社团和侗族大歌表演社团，在侗族特色服饰及工艺品开发方面取得多项市级、区级、国家级工艺美术界大奖，创立了学校的文创品牌"侗礼"等。

（三）生态博物馆模式

生态博物馆模式是在馆藏模式的基础上发展而来的，是把文化遗产和自然遗产统一起来进行传承保护的一种创新模式。在侗族非物质文化遗产上，主要的做法是在特定的空间范围内，把一个侗族社区整体地保护起来，从而形成最为原始状态的侗族文化，减少时代发展带来的影响。目前，侗族生态博物馆有贵州黎平县堂安侗族生态博物馆、三江侗族生态博物馆、地扪侗族人文生态博物馆。通过这种方式，用最为原生态的方法传承了侗族非物质文化遗产。

（四）传承人模式

传承人模式主要是由特定的人来对一些特定的非物质文化遗产进行传承。经统计，国家级侗族非物质文化遗产代表性项目代表性传承人有 20 人，自治区级侗族非物质文化遗产代表性项目代表性传承人有 54 人，市级侗族非物质文化遗产代表性项目代表性传承人有 91 人。这些传承人从不同角度对侗族非物质文化遗产进行了传承。

（五）节庆、民俗活动模式

利用节庆和特色的民俗活动也是传承非物质文化遗产的重要方式。通常来说有两种具体的途径。一是政府直接组织、公众参与的节庆活动，如三江侗族自治县每年一届的"哆耶程阳桥"文化旅游节、黎平县两年一届的中国侗族鼓楼文化艺术节等。二是按照民族传统习俗正常开展的一类节庆活动。这一类活动相对来说比较多，而且侗族地区本身就有"百节之乡"的美誉，较有影响的活动如侗年、"大戊梁"歌会、"六月六"歌会、小广"头卯"婚礼等。

二、侗族非物质文化遗产传承中存在的问题

（一）侗族自身缺乏主动性

从侗族非物质文化遗产传承的模式上可以看出，侗族自身在非物质文化遗产的传

承上缺乏必要的主动性，更多的时候是依靠政府等外力来推动传承工作的开展。导致这一问题的原因主要包括两个方面：第一，受到汉文化的影响，侗族人民将本民族的文化边缘化了，视为主流文化可有可无的补充；第二，在侗族非物质文化遗产的传承中，尚缺乏侗族自身的文化认同和文化自觉，传承行为尚未成为侗族群体的自觉行为。

（二）侗族非物质文化遗产传承中存在利益导向倾向

很多地方政府更多地关注侗族非物质文化遗产所带来的经济效益。很多官员在任期间，考虑得更多的是怎么样将侗族非物质文化遗产进行商业化开发，进而创造政绩，这就很容易导致侗族非物质文化遗产自身属性的破坏。

（三）孤岛效应在蔓延

尽管采取了多种方式加强对侗族非物质文化遗产进行保护与传承，但由于侗族文化处于其他文化的环绕之中，在与其他文化的交流与融合中，侗族文化逐渐被同化，孤岛效应逐渐在蔓延。这一现象无论是在语言、服饰、节庆等方面都体现得十分明显。

三、完善侗族非物质文化遗产传承的措施

（一）提倡在日常生产生活中开展传承活动

侗族非物质文化遗产是侗族人民在长期的生产生活中创造的，生产生活是其发展的本源和存续的基础。在日常生产生活中进行侗族非物质文化遗产的口传身授、身体力行，既能保证传承人的广泛性，也能保证传承内容的广泛性和原生性。

（二）强化侗族自身的文化认同感

侗族自身提升文化自觉意识、树立主动传承文化的观念是保证非物质文化遗产传承的内生动力。要理所当然地认为本民族的文化传承是必须的，积极地参与各类民族特色活动，不要盲目崇拜外来文化，不要被外来文化所影响而改变自身的特色文化。

（三）政府部门要适度开发

民族特色文化用于商业开发并不是不可取的，关键是政府部门要掌握一个度。要在条件允许的地方进行侗族非物质文化遗产商业化运转，在条件不允许的地方绝不可以生拉硬套。要建立科学的评价体系，来研判不同地区侗族非物质文化遗产商业化的可行性，从而在实现经济效益的同时，促进侗族非物质文化遗产的传承。

参考文献

[1] 曾梦宇，张雪梅. "非物质文化遗产"学校传承方略研究——以黔湘桂侗族地区为例 [J]. 原生态民族文化学刊，2016，8（3）：120-124.

[2] 杨军昌. 侗族非物质文化遗产的社会功能与传承保护 [J]. 中南民族大学学报（人文社会科学版），2014，34（2）：39-44.

【课题名称】柳州教育科学"十三五"规划 2017 年度职业教育立项课题：柳州市职业教育民族文化传承基地建设研究与实践——以民族文化非遗传承教育基地（侗族）为例（课题编号：2017ZJ-B08）。

浅谈中国民族民间舞蹈走进校园的有效途径和模式

张　慧

摘　要：艺术是美的感性表达方式，也是人类文明的最高层次。让我国的民族舞走进校园，不仅能丰富学生的课余活动，还能切实加强学校的文体建设工作，促进学生的身心发展。

关键词：中国民族舞蹈；途径；素质教育

新课程改革要求实现学生的德、智、体、美全面发展，从而提升学生的综合素质。体育是基础，可以帮助学生强身健体、增强体质，关系到整个国家及民族的强弱盛衰。美育是动力，关系到通过艺术美、自然美、社会生活美等多方面培养学生的审美观念，完成学生鉴赏美、创造美的能力。因此，民族舞蹈走进校园可以完善学生体育兼美育工作，为学生提供一个健康成长的平台，让他们在校园中茁壮成长。

一、推进民族舞蹈进校园的意义

（一）强身健体

我国民族舞蹈多是强化肢体训练的动作，它起源于人们的日常生活，多是以大开大合的方式进行的。由于生活习性、生活风俗的不同，民族舞蹈的侧重内容也会有所区别。正是因为民族舞蹈曲样丰富，它为教育人员推进舞蹈教学工作提供了良好的素材。民族舞蹈教学需要针对不同的内容，灵活地选择教学方式，发挥民族舞蹈在教育方面的优势，并利用不同类型的舞蹈丰富教育内容，吸引学生对民族舞蹈教学内容的关注，并响应教师在课堂上下发的任务，积极参与教学活动。利用舞蹈教学让学生掌握民族舞蹈的动作要点，并通过民族舞蹈深入地了解民族地域文化，将民族舞蹈引入教学工作中，是学校为达成教育部对人才培养提出的要求的有效手段。一方面，民族舞蹈进校园，鼓励学生进行舞蹈活动，可以改善学生的肢体协调能力，帮助学生塑造良好的形体，对其气质的培养也有绝佳的效果。学生在课余时间进行民族舞蹈的学习，可以使身体的耐受性增强，当音乐响起的时候，其身体各个部位进行扭动，使膝关节、踝关节、腕关节等部位的柔韧性增强，可以让学生释放紧绷的学习情绪，在音乐中释放身心、锻炼身体。另一方面，舞蹈教师还应该充分挖掘民族舞蹈的教育价值。民族舞蹈是各族人民长期积累、锤炼的舞种，舞蹈动作设计不仅动作表现力十足，并且还包含了其民族的文化。舞蹈教师需要从动作教学中引申出每个动作的出处、含义，这样不仅可以加深学生对舞蹈的印象，还能透过舞蹈教学加深学生对少数民族的认识，这是新时期推进教学工作需要关注的重点内容[1]。

（二）强化审美意识

我国民族舞蹈的种类有很多，均是由不同民族传承下来的精髓。舞蹈是人类社会生活、生产劳动发展的产物，也是我国最早的艺术形式，是我国文化艺术的伟大瑰宝。随着流行舞蹈的引入，越来越多的民间舞蹈被遗忘、埋没，针对这种情况，学校必须及时制定应对方案，加强对学生的民族文化教育与审美工作，做好民族艺术瑰宝的学习工作，才能完成民族舞蹈审美意识的培养工作。无论是何种舞蹈，都应对其表述的思想、形象进行拿捏。与大部分现代舞种相比，民族舞蹈的表现力不足，但是舞蹈并不仅仅停留在视觉观感上，动作的表现形式与内涵之间的联系，是民族舞蹈与其他舞

种的不同之处。学校教师应该通过正确指引，讲解民族舞蹈动作的含义，让学生发现动作背后的含义，将自己的感情与动作结合起来，提升舞蹈动作的感染力，还可以提升舞蹈文化对真善美的追求，这样才能完成审美意识的培养工作，发扬我国不同民族对于美的强烈追求[2]。

（三）学习民族文化

我国有 56 个民族，每个民族都有自己独创的舞蹈。民族舞蹈具有高度的自娱性及表演性，所以学习民族舞蹈，不仅可以抒发个人情感，更可以对其进行表演，是具有强烈生活气息的民族文化。所以，在舞蹈演绎过程中，要了解该民族的生活本质，通过生活环境、生活方式等内容的攫取，掌握不同民族的文化内容。可以说，学习民族舞蹈就是在学习不同民族的文化史，教师在教学过程中承担着传承民族文化的重任，考虑到传统舞蹈教学枯燥单一，难以激发学生学习的自主性，教师应该充分利用民族舞蹈的特殊性，将其动作产生的背景或是相关故事，结合动作教学一同进行，从而丰富舞蹈教学内容的趣味性，吸引学生关注教师讲解的内容，便于教师传授学生舞蹈动作，还能通过舞蹈教学，加深学生对各少数民族文化的了解，将舞蹈与民族文化相结合，从而增加我国的文化自信。

二、中国民族民间舞蹈走进校园的有效途径

（一）舞蹈家协会和教育部门的相互配合

民族舞蹈走进校园，不仅为教育带去了积极的影响，更可以积极推动国家民族文化建设。所以，政府部门要为民族舞蹈走进校园的教育开展创造有利条件，调动学生与教师参与的积极性，为活动的顺利开展起到积极推进的作用[3]。

做好舞蹈走进校园的工作，需要教育有关部门的大力支持。首先，完善有关舞蹈基础建设工作，如场地的建设、乐器、舞衣、舞蹈道具等内容，增加民族舞蹈展示的机会，让学生在鉴赏舞蹈的过程中能亲自上场。其次，舞蹈家协会应做好统筹安排。前面说道，随着流行舞蹈的引入，越来越多的民族舞蹈已经逐步消失，只有通过有关的舞蹈家协会，才能找到专门从事这门舞蹈研究工作的人员，让他们运用自身的经历及基本功传承我国民族舞蹈的内涵。将他们对于民族舞蹈的见解编辑成书，积累民族、民俗文化传承工作。掌握足够的资源是顺利推进民族舞蹈教学的基础。针对民族舞蹈

教学期间存在的问题，高校应及时向上级领导报备，并组织研究会议，在短时间内提出解决方案，整合校内的资源，大力推进民族舞蹈教学工作，完成传统文化传承任务，使我国民族舞蹈的精髓真正地传承下去。

（二）建立民族舞蹈大课堂

民族舞蹈的宣传要扩大教育普及范围，我们应做好以下工作。

首先，建立民族舞蹈大课堂，让舞蹈艺术家、舞蹈工作者在学生课余时间举办教育教学工作，以碎片化的时间丰富学生的课余活动，利用不同的民族舞蹈在校园固定位置进行教育[4]。关于参与人数、活动时间等不进行严格的设置，其目的就是宣传及推广民族舞蹈，呼吁更多的学生走出教室，走向操场，活动身心，从而吸纳更多的舞蹈爱好者参与到民族舞蹈的学习中。

其次，增加文化表演工作。经分析，民族舞蹈没落与舞蹈演出次数递减、大众不了解民族舞蹈有直接的关系。为避免民族舞蹈断代，需要大力宣传民族舞蹈，增加其在学校活动中的表演次数，让大众多接触民族舞蹈，加深对民族舞蹈的了解，扩大其传播范围。除此之外，鼓励舞蹈艺术家及舞蹈工作者走进校园，用他们的舞蹈打动学生，让学生在潜移默化中爱上民族舞蹈，从而增强其对民族舞蹈的学习兴趣。还可以将校园基地建设作为民族舞蹈表演排练基地，演出工作就在该地完成，这样不仅可以有效传承民族舞蹈，还能让更多的人加入到民族舞蹈的学习之中，感受民族舞蹈的魅力，从而爱上民族舞蹈，完成民族舞蹈的传承工作。

最后，还可举办校级民族舞蹈选拔大赛，让每个热爱民族舞蹈的学生都能参与到比赛之中，通过海选、比赛等方式更加深刻地喜欢上民族舞蹈；不仅仅是校内的选拔工作，还可以鼓励学生走出校门，走向更大的演出舞台，让民族舞蹈成为社会瞩目的焦点，将民族舞蹈的传承植入人们的心中。

（三）沿袭民族舞蹈，在传承的基础上进行创新

在民族舞蹈教育活动开展的过程中，其教育内容要根据学生的舞蹈基础不断深入拓展，这样，所呈现的教育内容才是学生喜欢的。当然，民族舞蹈的传承与拓展，要坚持以人为本的原则，不能拘泥于传统舞蹈刻板的传承形式，应在原来基础上不断进行创新，多角度、全方位地思考民间舞蹈的传承工作[5]。同时，还应加强民族舞蹈的宣传

推广活动，与各个高校一同开展演出、比赛活动，为民族舞蹈教育活动提供新活力。可以根据传统节日设置不同的舞蹈演出主题活动，吸引更多人参与到民族舞蹈演绎之中；还可以与其他艺术形式结合，不断创新和挖掘新内容，促进民族文化建设工作。

三、结语

民族舞蹈走进校园活动的开展，能够对学生的身心发展起到积极的作用。虽然，活动在开展的过程中会遇到许多问题，但通过保证资金来源，舞蹈家协会和教育部门相互配合，建立民族舞蹈大课堂，沿袭民族舞蹈、在传承的基础上进行创新等方式，可以有效满足民族舞蹈走进校园活动开展工作，促进我国民族文化的建设工作。

参考文献

[1] 马晓莉. 海南民间舞蹈在中小学舞蹈教育中的传承路径 [J]. 戏剧之家，2019（27）：179-180.

[2] 胡宏伟. 让舞蹈为校园增添靓丽 [J]. 科学咨询（科技·管理），2019（6）：49.

[3] 韩雷光. "非遗"舞蹈艺术走进中小学校园的困境与突破 [J]. 艺海，2019（1）：57-58.

[4] 孙俐. "非遗舞蹈"走进校园的现状与策略思考 [J]. 北方音乐，2017，37（24）：248.

[5] 王霞. 试论让舞蹈教育走进中小学校园 [J]. 中国校外教育，2017（6）：154.

【课题名称】本文为中华职教社"现代职业教育与非遗人才培养研究"子课题"非遗传承艺术表演项目与职业教育课程有效融合机制与实践研究"（课题批准号：ZJS—FY—015）成果之一。

论侗族大歌的音乐传承

蒋　科

摘　要： 侗族大歌以其优雅的曲艺魅力征服了世界，但受发展影响力的制约，其传承问题是当前发展中最大的困扰。本文主要探讨侗族大歌的曲艺文化以及如何将其引入基础教育当中，为今后侗族大歌的传承作出基本贡献。

关键词： 侗族大歌；音乐传承；教育改革

一、侗族大歌传承问题

1. 独特的文化背景

侗族大歌具有独特的文化背景。在三江侗族自治县，社会风气主张团结，族人大多采取集体性的群体生活，主张一贯行动。侗族大歌的表演形式与社会环境相呼应，主张采用多人合唱的形式来彰显侗族地区的文化魅力。侗族大歌的审美力来源于当地族人对于混唱形式的积累和当地朴实的风俗以及和谐相处的社会环境，大自然给了当地族人创作的灵感，使其能够较好地应用在音乐创作中。

2. 侗族大歌的文化产生

侗族大歌历史久远，起源于春秋战国时期；至宋代，侗族大歌已经发展到了比较成熟的阶段；至明代，侗族大歌已经在侗族部分地区盛行了。

侗族大歌不仅仅是一种音乐艺术，而且是侗族社会结构、婚恋关系、文化传承和精神生活的重要组成部分。侗族大歌的发展与侗族人民鼓楼的居住形式、好客的风俗习惯以及侗族语言密不可分，它是对侗族历史的真实记录，对于侗族人民文化交流和情感交流起着非常重要的作用，是侗族文化的直接体现。

3. 侗族大歌的传承方式主要在民间

侗族大歌早期形成于民间，其今后的发展必然也需要通过民间的发展渠道来进行传承。民间文化在一定程度上见证了侗族大歌的审美历程，是侗族大歌不可缺乏的生存环境。但随着我国经济发展速率的有效提升，越来越多的外来文化逐渐引入，我国

当代年轻人逐渐忘记传统民族文化，这使得传统民族文化的发展遭受到前所未有的困难。总之，侗族文化传承面临较大的困难，在当代社会发展过程中，需要开发更多的宣传途径用于保护侗族大歌，并为其传承做出必要的努力。

二、开发侗族音乐课程资源，宣传基础教育

根据新基础教育的改革要求，在基础教育当中应用侗族的音乐课程资源，大力提高学校对民族文化的重视程度，构建创新型的艺术教学。传承的培养主要从当代教育做起，将民族文化的意义传输给学生，从而实现民族文化核心发展的意义。在课程引入方面，需要以民族文化为主要切入口。民族文化主要形成侗族大歌的审美意识，因此，开发民族资源是开发侗族大歌教育的主要捷径。在资源方面，我国相关地区的政府部门要加大投资建设管理，通过加大重视程度实现侗族大歌的有效传承。

1. 师资培训经验的积累

侗族大歌的民间传承地大多处于边远地区，受经济发展影响，当地师资较为匮乏，有关部门需予以重视。通过引进专业教师对地区教师进行专业课程的培训与指导，从而加强教师的专业能力。侗族音乐本身具有一定的民族文化特质，通过融合当地的民族文化能够更好地进行乐理的理解，也能够加深对于侗族大歌的民族情感。

2. 乐论的准备

随着侗族大歌影响力的逐渐加深，我国越来越多的专家学者开始将个人的专业论著与侗族大歌的民族文化传承相关联，此种社会现象的出现为侗族大歌今后的传承教育提供了硬性资源。综上所述，侗族大歌的传承与发展在当代社会发展中既存在较好的发展机遇，又存在较大的挑战。我们应抓住机遇、面对挑战，通过提升侗族大歌的影响力来培养当代学生对于民族文化的情感，从而为侗族大歌的传承作出贡献。我们需要根据当代学者对于侗族大歌的理解进行课程编排，加强侗族大歌在民间的发展力，通过将侗族地区特有的侗族大歌搬入课堂，实现理论与实践探索的双向结合，从而提高侗族大歌在民族音乐理论当中的影响力，并促进侗族大歌的有效传承。

三、总结

综上所述，侗族大歌是我国侗族人民对于音乐文化的民族理解，其支撑起民族文化的一席之地。侗族大歌在独特的民族生活习性当中，透过大自然，透过群体生活的

民族习惯，能够完美地体现侗族人民对于音乐的审美意识，但随着现代化建设的加快，侗族大歌的传承发展遭遇了一系列挑战。在当下发展过程中，我们应当将教育与艺术文化相结合，通过在教育中引进民族文化，引进侗族大歌，使学生能够体会我国深层次的传统民族文化，并且当代学者对于侗族大歌的理解及其专著能够为学生提供必要的理论支持，使学生能更加详细、透彻地了解侗族大歌所展现的民族风采。我国传统民族文化是我国历史的结晶，我们不仅要对其进行保护，还要担当起传承的责任。

参考文献

[1] 邓钧. 中国传统音乐中的多声形态及其文化心理特征探微——以侗族多声部大歌和笙乐器为例与彭兆荣先生商榷 [J]. 中国音乐学，2002（2）：41-52.

[2] 张中笑. 差异与成因——侗族南北部方言区音乐文化比较研究 [J]. 贵州大学学报（艺术版），2001（1）：17-28.

[3] 张中笑. 走进侗族大歌 [J]. 贵州大学学报（艺术版），2000（3）：67-69.

【课题名称】柳州教育科学"十三五"规划 2017 年度职业教育立项课题：柳州市职业教育民族文化传承基地建设研究与实践——以民族文化非遗传承教育基地（侗族）为例（课题编号：2017ZJ-B08）。

中职学前教育专业开展非遗文化进课堂的实施

经本明

摘　要：增强民族文化自信、传承与弘扬民族文化是我国的文化强国战略之一。非遗文化因其特殊性，传承最为迫切，但现代人了解非遗文化的渠道少，课堂成了非遗文化传播的良好载体。学生作为非遗文化进课堂的受教育者，由于其身心发展的特殊性，对非遗文化理解较少，加上学习基础较为薄弱，系统的理论讲解并不是很好的教授方式；中职学前教育专业学生作为幼儿教育行业的"准教师"，既是文化的继承人，也是文化的传承人，教育者在对非遗文化进行学习和吸收后需要反思如何才能将所学传授给幼儿，让非遗文化能够永远继承和弘扬下去。本文以三江侗族农民画为例，研究非遗文化进课堂应如何实施。

关键词：非遗文化进课堂；中职学前教育；三江农民画

一、非遗文化进课堂提出的背景

2013 年，教育部、文化部、国家民委颁布《关于推进职业院校民族文化传承与创新工作的意见》，突出强调了职业院校在推进民族文化传承与创新中的基础性作用。在此背景下，柳州市第二职业技术学校借助广西多民族聚居的特点，进行少数民族学生的招生与宣传，为非遗民族文化交流与非遗民族文化衔接现代职业教学奠定了基础。

在此基础上，在新课改和素质教育观念的指导下，学前教育专业教师积极拓展教育新资源，选取合适的非遗文化内容，结合专业人才培养方案与《幼儿园教师专业标准（试行）》，为学生的学习提供新视角，新方法、新内容，推进学生学习的积极性，丰富知识，加强技能。

二、非遗文化进课堂的实施

非遗文化进课堂并不是一蹴而就的，而是在进行了大量的走访、调查、论证的基础上进行实践，旨在让学生能够在课程的学习中掌握技法、积累经验与提升相关素质，以《幼儿园教师专业标准（试行）》为依据，培养合格的幼儿园"准教师"。具体实施方法与步骤如下。

（一）依托学校、专业优势，确定以三江农民画为非遗文化进课堂内容

自建校起，柳州市第二职业技术学校就有意识地将柳州地区侗族、苗族、瑶族优秀民族文化有机融入现代职业教育。经过探索，目前民族文化传承与创新不仅成为学校的特色工作，而且成为学校的一大亮点，为学前教育专业非遗文化进课堂提供了思路、方法和硬件的帮助与支持。

学前教育专业开设有绘画相关的课程，且三江少数民族学生占招生总数比例大，经过对各民族非遗文化的走访、对学生学习意愿的调查，确定了将三江农民画作为首批的非遗文化进课堂的内容。

（二）重设绘画课程体系，采取小班试点、逐步逐级进行课程教学

三江农民画源自柳州市三江侗族自治县具有绘画天赋的三江侗民，根据本地的特色建筑及民俗节日等作为创作题材，把自己最真实的生活描绘在墙壁、侗布和宣纸上，三江农民画由此而来。如今，这里描绘的作品早已走出了深山侗寨，走进了国际画展、博物馆、画廊并作为艺术品出售，也活跃于各类绘画比赛。绘画就这样改变了越来越多人的生活。2012年，广西壮族自治区将侗族农民画列入非物质文化遗产项目加以保护和传承，把三江农民画发展为人民群众的艺术，它吸取了少数民族民间艺术的因素，在造型、色彩上具有独特而鲜明的地域和民族审美特色。虽然三江农民画对技法的要求不高，但它反映了鲜明的民族特色，而且每幅作品都是原创的，因而具有独特的艺术价值。对于学生来说，创作农民画并非易事，因此，美术组的教师在实地采风、学习、讨论、实践的基础上，对绘画课程重新进行了调整，通过欣赏与临摹三江农民画渗透技能技法的学习，由简单到复杂，由临摹到创作逐步提高。

（三）邀请非遗专家，专家们走进来，学生走出去

非遗文化课程，不仅要求学生具备相关的理论知识，而且要求学生具备实操能力、主动汲取知识的能力。因此，在课程的前期、中期、后期，学校都会邀请三江农民画的专家走进课堂，与本校教师共同创设生动的学习情境，创作氛围。在此情境中，教师可以在课堂上共享资源、取长补短，学生能够从专家丰富的实践经历和创作经验中得到启发，拓展知识，调动了学习的积极性。

除此之外，组织学生利用假期、地理位置之便进行实地采风、观摩。三江侗族自治县政府在寒暑假期间都会举办公益性的农民画培训，学校组织学前教育专业的三江民族班学生因地制宜地参加培训，让学生接触最真实的农民画画家，参观农民画艺术展，游览三江侗族民族文化博物馆，多渠道与农民画画家建立对话，进行交流、访谈，让学生学在课堂、学在自然、爱上农民画。

（四）拓宽非遗文化传播渠道，增加学习兴趣与学习自信

多样化的校园活动是课堂的补充和延伸。为促进三江农民画的传播和交流，学校开设第二课堂，并开设三江农民画选修课堂，学生可以利用课余时间参与到这些课堂中，共同学习及探讨农民画；举办农民画画展，由学生进行布置和介绍，在画展中促进交流，展示学生学习成果，让学生在肯定中增加学习信心；加强专业与幼儿园合作，在柳州市的众多幼儿园中实行民族特色活动及民族特色环境创设，这已经成为当下热点。对于三江农民画这样的非物质文化遗产，我们鼓励学生在实习中与幼儿共同分享，传递非遗文化精神。

通过理论学习＋实践探索＋多样化评价的学习方式，三江农民画的文化在校园、社会中的传播更为广泛，越来越多的人们认同和喜欢上朴素的农民画画风。对于学生来说，非遗文化进入课堂的方式，始于新鲜，忠于爱好，在学习中不仅可以学得绘画的技法，了解三江农民画背后的文化历史，还可以根据农民画的技巧和元素触类旁通，创造性地将其运用到其他科目中，同时它也成为不少学生静下心来的方式，让他们从知识、情感、技能上都得到了不同层次的发展。

此次的课程方式，验证了课堂是传播非遗文化的重要和有效途径，为其他不同类型的非遗文化传播提供了新思路和新途径。同时在实践中存在问题和困惑，作为幼儿园的"准教师"，"我会"并不等同于"我能"，如何把学生在课堂的"学力"转换为在日后工作中的"教力"，使非遗文化能够很好地传承和弘扬下去，是我们的最终目标和宗旨，也是我们不断改革和创新的不竭动力。非遗文化源于广大民众，服务于民众的生活，是民族精神的重要体现。三江农民画作为广西的非物质文化遗产，通过课堂讲授与实践能够得到很好的传播，将其融入学前教育专业，一方面能培养幼儿教师的艺术实践技能、提升创新能力和民族艺术欣赏水平，另一方面则是让幼儿从小受到民族艺术的熏陶，激发幼儿的学习兴趣以及弘扬爱国主义精神。

参考文献

[1] 薛林林. 谈中职美术教育中人文精神的培养策略 [J]. 美术教育研究，2018（15）：99.

[2] 周新宇. 关于中职美术设计教育的思考 [J]. 课程教育研究，2013（25）：204.

[3] 户金. 浅谈中职学前教育专业美术教学现状及影响因素 [J]. 大众文艺，2017（24）：226-227.

侗族非物质文化遗产保护性旅游开发研究

罗媛媛

摘　要：少数民族非物质文化遗产源远流长，个别少数遗产举世闻名。改革开放 40 多年来，少数民族的非遗保护工作取得了巨大的成就，为我国民族文化的健康发展奠定了基础。本文主要对侗族非物质文化遗产保护性旅游开发进行研究，简单论述侗族非物质文化遗产，分析其在旅游开发中存在的问题及解决办法。

关键词：侗族非物质文化遗产；旅游开发；研究

作为"无形文化遗产"，根据联合国的定义，非物质文化遗产包括各类群体的表演、知识和技能。在历史长河中，随着所处环境的变化，各群体与自然不断演化，形成新的工具、实物、工艺品，覆盖了旧时代文化产品，促进了民族非物质文化遗产发展，丰富了人类的创造力和事物的多样性。

一、当前侗族非物质文化遗产保护的成果及现状

侗族作为我国 56 个民族之一，在历史上创造了无数的非物质文化遗产。据统计，截至 2018 年 8 月，国家级遗产名录中关于侗族非遗的有 16 项 48 个保护点，其中侗族大歌、侗族刺绣在国际上享有极高的声誉。

侗族非遗文化来源于侗族民间，传承至今，具有强烈的侗族气息，是贴近生活的视觉、触觉感受，是历史传统、社会发展、民族情感的重要载体，反映了侗族人民平实而又简单的生活状态，反映了朴实、健康具有浓烈的少数民族独特艺术风格，是侗族人民凝聚力和向心力的体现。

随着国家乡村振兴战略的实施，原有的一些保护与传承的方式方法的局限性也逐渐显现出来。为适应市场经济的发展，保护与传承侗族非遗文化，有必要对侗族非物质文化遗产保护性旅游开发进行探讨。

二、侗族非物质文化遗产保护性旅游的传承模式

（一）馆藏旅游模式

利用博物馆收集侗族非遗的工艺品，用图片、影像或者文字的形式，把侗族的发展记录下来，是我国对文化遗产保护的重要手段之一。但是，国家政府资助的侗族非遗博物馆较少，仅有黔东南州民族博物馆等 3 座，主要还是以工艺品收藏为主，普遍缺乏运营资金，专业人士更少。

（二）生态博物馆旅游模式

在侗族人民生活的村寨区内，划定一定范围，把与侗族有关的原始民族文化、原生态环境整体保存下来，避免因战争破坏、环境变化而丢失非遗文化，破坏民族记忆。例如，侗族生态博物馆，很好地保留了侗族语言、侗族服饰等民俗文化。

（三）侗族节庆旅游模式

例如，"六月六"歌会是侗族传统的节日，参加人数众多；三江侗族自治县的"哆耶程阳桥"文化旅游节是侗族比较大型的节庆活动，由三江侗族自治县举办，通过侗族歌舞表演弘扬民族非遗。

（四）侗族生态游模式

从江的小黄侗寨游就是以侗族非遗文化资源为旅游项目，对外进行宣传。对于经济发展水平较低的侗族地区来说，游客增加了，当地人们的收入就会提升，当地侗族地区的经济就容易得到发展，以生态游模式开发侗族非物质文化遗产，很好地保护了传统侗族文化和民族风俗不被破坏，延续下去。

三、侗族非物质文化遗产保护性旅游存在的问题

（一）侗族地区文化认同程度低

对侗族非遗的保护与传承几乎都是通过政府的力量来开展和实施的，侗族本身的力量少有显现，侗族本身对"非遗"的保护缺乏主动性，缺乏对侗族自身的文化认同，非遗保护与传承尚未成为侗族群体的自觉行为。

（二）侗族非遗项目的盲目性

侗族一般集中居住在黔湘桂三省区交界处，由于三省区行政区划的限制，每个省区当地政府各自为政，沟通不畅，联系不紧密，没人牵头组织大型侗族文化庙会，统筹发展规划不清晰。

一方面，虽然很多地方政府重视侗族非遗文化的保护，通过行政手段支持非遗的传承工作；但另一方面，地方政府更多地考虑的是侗族非遗所能带来的经济利益，如何使侗族非遗商业化和产业化，提高当地的经济效益。对于侗族人民来说，经济贫困使得他们急于开发侗族非遗项目，造成多而乱的局面。

（三）非遗传承后继乏人

侗族非遗美术作品的传承具有强烈的家族性，一般只会传承给侗寨人，但是，当今社会，随着外出务工人员增多，追求经济利益，放弃传承侗族非遗手艺的现象经常发生，这种现象已经严重阻碍了非遗的发展。

据统计，目前侗族非遗的代表性传承人不到 200 人，且大多年龄过大，而年轻一代侗族子弟对非遗文化缺乏兴趣，老一辈侗族非遗传承人无法将手艺传给下一代。

四、侗族非物质文化遗产保护性旅游的解决办法

（一）顺应自然，建立文化生态民俗村

侗族非遗文化与侗族居民的生产、生活息息相关，只有维持原生态、原自然的环境，让其与当地群众共同生存，才能不泯灭其真实性、原生性，保证侗族非遗文化一直传承下去。

在黔湘桂交界的侗族集聚区建立文化生态民俗村，以黎平、通道、三江三县为中

心向周边进行扩散，将各民族的民居建筑、民族风情在生态民俗村进行仿制，集中在一个生态村内进行展示，多角度展示少数民族的非遗文化成果，有计划、有步骤地开发侗族村寨，保护寨子的生态，切实做好非遗文化传承。

（二）国家牵头，整合联动

由于我国侗族分布在黔湘桂三省区，不同的行政区域导致侗族非遗保护性旅游开发工作各自为政。应该国家牵头，当地政府主导，三省联动整合，结合相关职能组织和民间个人，结合侗族地区各地人们日常生产生活的传承，集中记录、收集、保存，整体开发，个别突出，如民族文化课堂、文化活动等，这样才能使侗族非遗保护性旅游开发工作事半功倍。

五、结语

侗族非物质文化遗产代表着中国民族文化的精髓，绝对不能脱离本土文化而独立存在，应该立足侗族民间，通过适度旅游开发的形式，让其得到保护和传承，持续创造价值，丰富国家的文化内涵。

参考文献

[1] 曾梦宇，张雪梅. "非物质文化遗产"学校传承方略研究——以黔湘桂侗族地区为例 [J]. 原生态民族文化学刊，2016，8（3）：120-124.

[2] 王诗谣，代沁泉，许鑫. 我国非物质文化遗产研究的计量分析（2002—2017）[J]. 图书馆论坛，2019，39（1）：1-8.

广西民族文化融入中职工艺美术课程的研究

徐　娟

摘　要： 广西柳州是汉、壮、苗、瑶、侗等多民族集居地。这里有着丰富的少数民族工艺美术资源，吸引着全世界热爱民族文化和艺术的人们的目光。而这些传统的民族工艺美术是伴随着少数民族学生成长的东西和文化，他们学习传统民族工艺美术天生就拥有很好的氛围和环境。为此，我们将丰富多彩的广西少数民族特色工艺美术与中职学校教学结合起来，让学生对本地区的民族文化充满自信，认识到本民族工艺美术的艺术价值，通过民族美术教育的渗透学习，不断发掘广西民族文化中蕴含的美，从而由心而发地去热爱它、学习它、传承它和发展它。在引导学生进行传承和弘扬民族手工艺术和文化的同时，培养他们独立创新和自主探究的能力。

关键词： 民族传统文化；手工艺；工艺美术；教学

一、课题的提出

（一）文化缺失的历史与现状分析

在全球化的大背景下，各国家、各地区、各民族的文化交融逐渐加深。在现代文明、外来文化的强烈冲击下，很多年轻一代外出谋生，不愿学习和继承民间艺术。广西少数民族历代传承下来的古老技艺和文化正在慢慢地脱离它们的文化根基，其传承和发展的环境正在逐渐被破坏。如何让学生在学习、融入外来文化的同时把自己本民族文化的根基打牢，在拥有开放包容心态的同时树立本民族文化的自信，发展本民族传统文化，成为本民族传统文化传播者，成为学校教育面临的重大课题。

《国务院办公厅关于加强我国非物质文化遗产保护工作的意见》中提出，"要积极开展对非物质文化遗产的传播和展示""教育部门和各级各类学校要逐步将优秀的、体现民族精神与民间特色的非物质文化遗产内容编入有关教材，开展教学活动"，这

些内容的提出，为学校在进行民族文化及手工艺传承教育教学改革活动中提供了有力的政策依据。

广西柳州是多民族聚居地。这里有着丰富的少数民族工艺美术资源，吸引着全世界热爱民族文化和艺术的人们的目光。而这些传统的民族工艺美术是伴随着我们的少数民族学生成长的东西和文化，他们学习传统民族工艺美术天生就拥有很好的氛围和环境。

为此，我们将丰富多彩的广西少数民族特色工艺美术与中职学校教学结合起来，让学生对本地区的民族文化充满自信，认识到本民族工艺美术的艺术价值，通过民族美术教育的渗透学习，不断发掘广西民族文化中蕴含的美，从而由心而发地去热爱它、学习它、传承它和发展它。在引导学生进行传承和弘扬民族手工艺术和文化的同时，培养他们独立创新和自主探究的能力。

（二）相关研究领域的历史与现状分析

近些年来，我国对于推广和传承本民族传统文化有很多的实践和研究，其中由国家民族事务委员会文宣司编著的《中国少数民族文化简论》，多角度全方位就我国少数民族文化的形态和发展进行了阐述，是我国少数民族文化研究领域的一个重要成果，具有里程碑的意义。虽然教学改革中对于民族传统文化的改革事例很多，但对于本课题支撑性的理论很少，特别是在多学科教学与民族工艺美术相融合的中职课堂教学改革中几乎是空缺的。

近年来，随着我国传统文化在世界舞台上越来越受到人们的关注，少数民族手工艺也越来越被世界各国的人们所认识和喜爱，传统手工艺的保护相应地得到了更多的关注和发展。其中贵州省对于本地区丰富的少数民族文化艺术的传播和发展做了大量工作。早在 2002 年，贵州省民宗委、教育厅就联合下发了《关于在全省各级各类学校开展民族民间文化教育的实施意见》，要求全省中小学特别是民族地区中小学认真执行《贵州民族民间文化保护条例》，将优秀的民族民间文化作为素质教育内容，培养民族文化的专门人才。至 2016 年，贵州省共有近 5000 所学校开展了民族文化进校园活动，不仅有效传承了民族文化，夯实了民族团结的思想基础，还丰富了校园文化生活，提高了学生素质，促进教育教学质量不断上升。这对于中国非物质文化遗产在当地基础教育中的传承问题进行了非常详细且具有针对性的探索和研究。

本课题希望从广西本地区自身的少数民族文化特点进行研究，通过实践、探索，结合自身特色探索出一种能够突出广西特色的人才培养模式，能够更好地结合广西实际培养一批服务于广西旅游经济发展的后备人才，将广西的工艺美术专业教育推向市场、联系市场。

二、提升课题研究能力

（一）专家引导

利用学校聘请的手工艺传承人韦清花、广西科技大学陶瓷研究所所长黄其明教授、高级工艺美术师张礼全等工艺美术行业专家进行专业课程的引导、教学活动，提升老师和学生的专业技能，从而加强课题研究的水平。

（二）交流互学

将德育课与民族文化教育相结合，每个学期根据工艺美术专业的特点设计德育课教学活动，让学生发现生活中的民族文化传承；由学校组织课题前、课题中各一次课题研究报告会，将课题研究开展的活动、取得的阶段成果介绍、汇报给全校教师和专家；每学期根据课程的开设将民族传统文化与民族手工艺内容融入学生作品及教学中，并在校园中进行展出。学校还专门组织毕业生在柳州市档案馆展厅进行面向全市的作品展出，让行业专家与学生面对面进行交流学习，部分手工艺品直接进行市场推广销售。课题组在学校的支持下参加柳州市举办的"创意集市"，课题组老师带领部分优秀学生进行民族手工艺品的现场制作和推广售卖活动。

（三）师资培养

课题组聘请广西科技大学陶瓷研究所所长黄其明教授对专业教师进行分阶段、分层次的广西民族特色坭兴陶的制作培训，培养出三名陶艺课教师，建立了一间民族手工艺创意坊。在学校的支持下，课题组成员还分别到柳州市工艺美术师梁志坚工作室参观学习雕刻技术，到月文窟陶艺工作室参观学习，到福建厦门学习影雕技艺，邀请柳州市博物馆原馆长罗安皓一同参观柳州民间收藏博物馆，邀请非物质文化遗产传承人韦清花进行民族手工艺培训等多项师资培训活动。通过这些培训，课题组教师在民族手工艺及民族文化认知上有了一个飞跃式的提高，为今后培养广西民族特色的工艺美术学生打下了扎实的基础。

三、课题的研究过程

（一）以常规课堂教学为主阵地实施文化渗透

1. 挖掘学科内可渗透的民族传统文化元素

依托学校资源、多民族学生特点，整合提炼少数民族传统文化资源。以生活中的民族艺术及文化为突破口，发动工艺美术专业师生充分挖掘各类优秀、健康、向上的本民族传统文化艺术资源，开发并整合成符合本校中职学生身心特点和发展的教育资源，以多种手段和形式呈现在课堂上，多方位地在各个学科教学中渗透。

【精选课例1】德育学科教学中，结合广西当地少数民族传统节日，带领学生参观博物馆，了解广西各民族具有影响的节日。课堂外鼓励学生利用"三月三"假期回到家乡参与各种民族节日活动；课堂上结合工艺美术专业特点，组织学生查资料、找素材，绘制民族节日宣传海报。通过学习民族文化和参与民族节日等活动，学生对本民族文化和艺术有了更深的了解，也能够亲身体会到"艺术来源于生活"这句话的深刻内涵。

2. 挖掘民族传统美术在学科中的创作价值

【精选课例2】构成基础学科在"图形的分解构成"课堂教学中，通过教师的介绍，让学生了解了壮族传统图案的构成形式和符号要素，并且通过分解、组合、再创作，将壮族传统图案融入平面构成的图案设计中，使民族图案焕发出新的艺术气息。课题组成员还针对民族图案的设计专门开发了为课程服务的小软件，让学生可以随时随地在电脑和手机上完成民族图案的分解、构成和再创作活动。

【精选课例3】坭兴陶是广西地区特有的一种紫红陶土，是国家级非物质文化遗产。借助坭兴陶这一载体和手段，学生将其在其他课程中学习到的民族文化、传统图案等知识融入陶艺创作中，让民族文化得以用新的方式进行展现和发扬。借助这一载体，学生在老师的指导下创作出了大量具有广西少数民族特色的现代陶艺工艺品，并通过展览、售卖等形式向周围的人推广广西的民族文化。

（二）参与社会活动，扩大渗透的外延

1. 参与柳州市政府举办的"创意集市"

从2014年课题申报开始，课题组成员就带着工艺美术专业的学生积极参与到"创

意集市"活动中,将平时课堂上学生们自己动手制作的各种民族手工艺品带到集市上进行展示、售卖、制作表演等,让学生亲身感受到收获的喜悦。通过参加"创意集市"这样的社会性活动,学生对自己所学的技能有了更深的认识,同时对自己也有了新的认识和肯定。通过这样的活动可以让学生感受到民族特色在工艺美术作品中的重要性和市场价值。

2. 开展民族手工艺进社区活动

学校与柳州市几个民族特色活动社区经常有交流活动。为了能够让学生感受民族文化与日常生活的相关性,课题组老师带领部分女生参加了柳州市 2014 年社区全民终身学习服务周,学生通过自己平时的学习为社区居民进行了刺绣、服装裁剪等展示活动。同时课题组教师还深入永前社区进行社区民族文化交流活动,与社区干部一起推动社区居民的民族文化及手工艺推广活动,让更多的人认识和了解广西的民族文化和手工艺。

(三)以"以赛促教"的公开课教学为支点,促使艺术的深度推进

课题组成员每学期进行至少一次的校内或校外公开研究课,具有代表性的课程有"图形的分解构成""平面构成——分解构成""民间剪纸""民族文化在身边"等,这些研究课充分体现了广西传统民族文化和手工艺带来的潜移默化的感染力。师生共同参与,研究课不仅是师生共同成长的过程平台,更是课题组专题研讨、评价、示范、借鉴及推广的生长点。

【精选课例4】"民族文化在身边"是一堂针对学校 2014 级学生的班会课。本课程旨在培养学生对本地区、本民族文化的了解,培养学生热爱家乡、热爱民族的思想和情感。通过播放广西宣传片《美在广西》,和学生一起分享广西的美。教师介绍了广西五个比较大型的少数民族节日,让学生对民族文化有一个大概的了解和认识;学生再进行分组,查找各民族的节日后设计一张手绘宣传海报。课后老师还与学生一起到柳州市博物馆参观了少数民族节日展,加深学生对本民族文化的了解与认识。

四、课题研究成果

(一)编写民族特色课程教学计划及实训指导书

在课题组成员不断的创新、总结、改进中,课题组编写了"构成基础""陶艺"

两门课程的教学计划和实训指导书。这有助于在今后的工艺美术课程中对每个专业教师起到一个很好的指导作用，帮助学校的工艺美术专业在教学上走出自己的民族特色。同时也给我们的专业教师在上其他课程时指明了一个特色方向，帮助学校的工艺美术专业教学更加规范化。

（二）编写大量民族文化特色教案

经过两年时间的不断实践和研究，课题组成员编写了大量的民族文化与手工艺特色教案，教师在研究过程中还孵化出一些优秀课程，如"图形的分解构成""平面构成——分解构成""民间剪纸""民族文化在身边"等，促进了教师的专业发展。通过教案的编写和上课实践，教师与学生共同学习、共同进步，掌握了织锦、刺绣、藤球、剪纸、陶艺等广西少数民族传统手工艺的制作；部分精品教案还获得了各类奖项，并作为研讨课公开讲授。

（三）形成了课程特色并开发各种教学课件、微课

每一门课程除了老师上课讲、学生动手做以外，课题组成员为了更好地让学生理解民族文化和手工艺，制作了大量的教学视频、PPT课件、游戏软件等，希望通过多方面、多手段让学生更容易接受我们的课程。同时这些教学课件和微课还可以方便学生在课余时间随时随地地进行自学，开放了整个教学课堂。通过课程的不断改革、教学方式的不断创新，课题组成员的教学课件和微课也获得了大家的肯定，收获了几项奖项。

（四）与其他课题组共同开发民族特色校本教材

充分利用学校提供的资源，与校内其他课题组共同开发校本教材《汽车内饰品制作》，将广西少数民族元素融入现代工艺品制作中，指导学生创作出符合现代生活的手工艺品。通过校本教材的开发，同时面向服装设计与制作专业设立对应的新课程——"汽车内饰品制作"，相信在课程完成时，学生能够创作出更多传统与现代相结合的具有本地区特色的手工艺品。

（五）总结课题研究过程，将研究成果转化成论文

从2014年课题组成立以来，每个成员在教学过程中不断尝试、改革、修正各种教学方法及形式，将广西特色的民族文化和手工艺融入课堂中。从初期的摸索、中期的改革到后期的修正、再创新，课程组成员对于过程中的每一步都认真地进行了总结，

并将这些经验总结转化成不同阶段的论文，一部分进行发表交流，另一部分参加教育教学比赛进行交流。通过分阶段的总结，可以让我们更加清楚课题的研究方向和目标，将不足之处及时改进，将优点扩大推广。

（六）学生作品层出不穷

光是教师的文字总结还不足以体现教改项目的成功与否，学生的成果是检验教师教学成果好坏的最有力体现。自课题组成立以来，我们充分利用每年一次的工艺美术专业学生毕业设计展览，让学生通过自己的设计作品展现课程改革后的教学成果。在每一次的毕业设计中，不少同学自然而然地将广西民族艺术融入自己的设计中，创作出了不少具有民族特色的现代设计作品。

在平时的教学中，根据学校的专业课阶段教学特点，每个月结束一门设计专业课程，学生根据每个课程的要求面向全校进行一次阶段作品展。比如，二年级室内设计专业学生的展示设计课程结束后，学生自己动手将教学楼一楼大厅的空间设计装饰成带有民族元素的现代展示公共空间。

学生通过课题研究，更愿意主动去创新民族元素，也更希望通过民族文化去表达自己的设计思想。这正是我们课题研究所希望达到的效果——让学生主动传承自己本地区少数民族优秀的文化和手工艺，培养学生成为民族文化的继承者和传播者。

（七）建立民族手工艺创意坊

通过本课题的开展、学校的大力支持，在课题研究的后期我们建立了一个200㎡的民族手工艺创意坊。这个工作坊具有完善的陶艺制作设施设备和各类雕塑造型设备，是目前学校环境和空间设计最好的一间工作坊。在这个空间里，学生和老师可以通过传统陶艺、雕刻等方式进行创意产品的制作。今后从这里制作出来的作品将通过互联网走出校园、推向市场。

五、课题成果推广

课题研究的时间很短，但是通过课题研究获得的好经验和有效成果，我们将继续进行延伸和推广。特别是在中央的"十三五"规划中"互联网＋"项目对于我们课题的成果推广具有很大的推动作用。通过互联网我们计划将与电子商务专业联合，共同

开发民族手工艺品的网络销售。另外，结合广西本地区的实际情况，在课题开展期间师生创作出的优秀作品将积极推向各种民族性节日活动，如四月份柳州市的"紫荆花节"、三江的"三月三"旅游节等活动。

六、实践反思

在今后的课题延伸和推广中，教师需要更多地深入民族地区采风、收集大量的文化及手工艺资料，多拜访民间艺人，提高自身素质。只有先让自己成为民族文化和手工艺的参与者，才能更好地感染身边的人。

专业教学渗透民族文化和艺术是在逐步挖掘、逐步完善的原则下实施的，并不是所有课程都适合渗透、每节课必须要渗透，要做到适时适当。每阶段、每个专业的课程应根据学生的需要和师资的状况做出灵活调整。我们没有必要刻意夸大民族传统文化艺术对专业教学的积极作用，要正确地看待其价值，合理运用和融合。

参考文献

[1] 杨文会. 河北民间艺术资源的发掘与传承 [J]. 河北学刊，2010，30（2）：207-210.

[2] 普丽春. 少数民族非物质文化遗产的教育传承——基于对云南彝族烟盒舞等的调查 [D]. 北京：中央民族大学，2009.

[3] 王媚雪，徐熳. 河北省非物质文化遗产保护与高校教育结合的必要性探讨 [J]. 青年文学家，2013（12）：231.

【课题名称】2014年度广西中等职业教育教学改革一级立项课题"中职学校工艺美术专业民族工艺文化内涵建设的改革与实践"（编号：GXZZJG2014A034）。

侗族非遗文化融入职业教育思政课程的研究与实践

余　冰

摘　要：非遗文化是指劳动人民在生产生活中形成的习惯、情感、信仰、文化的沉淀，是人民劳动智慧和民族文明的结晶，反映了劳动人民的物质与精神生活，是中国传统文化的现实体现。中职学生正值三观形成的关键时期，有相当一部分学生对家乡传统文化了解甚少，这不仅不利于优秀传统文化的传承，而且不利于学生建立自信心。因而，要将中职学生民族文化自信建立作为中职学校通识课程建设的重要内容。中职"思想政治课程"中"中国特色社会主义"模块明确提出要增加探讨对待传统文化的正确态度；结合对非物质文化遗产的保护，讨论如何传承和弘扬中华优秀传统文化；通过了解家乡文化特点的活动，理解文化记忆对人的塑造作用。所以"思想政治课程"是进行民族文化教育的有效载体。

关键词：侗族非遗文化；职业教育；思政课程

2016 年 12 月，习近平总书记在全国高校思想政治工作会议上的重要讲话中指出，要坚持把立德树人作为中心环节，把思想政治工作贯穿教育教学全过程，实现全程育人、全方位育人。要用好课堂教学这个主渠道，思想政治理论课要坚持在改进中加强，提升思想政治教育亲和力和针对性，满足学生成长发展需求和期待，其他各门课都要守好一段渠、种好责任田，使各类课程与思想政治理论课同向同行，形成协同效应。要更加注重以文化人以文育人，广泛开展文明校园创建，开展形式多样、健康向上、格调高雅的校园文化活动，广泛开展各类社会实践。2019 年，国家颁布了《国家职业教育改革实施方案》《关于加强和改进新形势下大中小学教材建设的意见》《中等职业学校公共基础课程方案》等文件，落实立德树人根本任务，推进中等职业学校思想政治国家课程标准实施，进一步深化职业教育教学、教师、教材改革。"学习新课标"是贯彻新时代党和国家新精神和要求的必然要求，也是提高思政教学质量和实效的应

然追求。"新课标"中明确提出要增加探讨对待传统文化的正确态度；结合对非物质文化遗产的保护，讨论如何传承和弘扬中华优秀传统文化；通过家乡文化特点活动，理解文化记忆对人的塑造作用。2020 年 9 月教育部等九部门关于印发《职业教育提质培优行动计划（2020—2023 年）》中提出，要创新职业学校思想政治教育模式，遵循职业学校学生认知规律，开发遴选学生喜闻乐见的课程资源，因地制宜实施情景式、案例式、活动式等教法，建设学生真心喜爱、终生受益、体现职业教育特点的思政课程。

一、民族非遗文化融入职业教育研究现状

（一）理论层面

随着非遗文化保护与职业教育融合相关政策的落地，中职、高职学校积极参与并开展相关非遗教育的理论研究逐年增多。根据知网上查询的论文发现，研究主体的层次主要还是集中在本科院校，中职、高职学校的非遗教育理论研究较少。其次，理论研究内容主要集中在非遗教育模式、教育路径与对策方面的宏观角度，中职、高职学校主要集中在"职业技能型"培养，如何将非遗文化与通识课程，如思政课程等相结合的研究较少。

（二）实践层面

柳州市第二职业技术学校地处广西壮族自治区柳州市。根据《柳州市第七次全国人口普查主要数据公报》，柳州市常住人口中少数民族人口为 219.3 万人，占 52.75%。柳州是历史悠久的少数民族聚居地，民族风情浓郁，文化沉淀厚重，留存了众多的文化遗产，三江侗族自治县独占鳌头。截至 2015 年 7 月，已有 5 项国家级非物质文化遗产，其中三江侗族自治县占了 3 项；30 项自治区级非物质文化遗产，侗族刺绣、侗族农民画、侗族百家宴等 12 项名列其中；4 位国家级非物质文化遗产项目代表性传承人，其中三江县占了 3 位；23 位自治区级非物质文化遗产项目代表性传承人，三江县有 14 人。而学校在校少数民族学生也占全校总人数的 78.5%，其中侗族学生占比最大。

柳州市第二职业技术学校响应国家文化强国战略，采用"123 ＋ N"民族文化传承创新职业教育模式，将侗族刺绣、侗族大歌、侗族农民画、侗族打油茶、侗族百家

宴五项非遗文化技艺以"侗寨五娘"（绣娘、歌娘、画娘、茶娘、厨娘）的形式，对接服装设计与工艺、工艺美术、美术设计与制作、学前教育、社会文化艺术、旅游服务与管理等专业教育教学活动及人才培养目标，多专业联动，跨界合作发展。通过非遗文化与职业教育专业课程相结合，激发了少数民族学生的文化自省、文化自觉与文化自信。

本文的研究方向为不仅将侗族民族文化与职业教育专业课程相结合，还将侗族民族文化传承元素融入思政课程中。一方面，为新形势下思政课程赋予全新的内容，推进民族文化的传承与创新；另一方面，有利于开拓思政课程思维新视野和新领域，推动思政课程建设的创新，同时，开展民族传统文化融入思政课程的研究，为提高民族自信创下基础。

二、将侗族文化元素融入思政课程的路径分析

（一）通过侗族非遗特色饮食技艺标准的总结，深入挖掘非遗文化内涵

（1）侗族油茶制作标准。

（2）侗族酸食制作标准。

（3）侗族的信仰观、集体观、宗教观、道德观内涵。

（二）建设民族文化资源转化为思政课程资源的选择标准

（1）具备德育价值。

（2）具备益智价值。

（3）具备审美价值。

（三）构建非遗文化通过思政课程进行普及的实施路径

（1）主题单元教学模式。

（2）综合实践活动组织模式。

（3）提高思政课程教师民族认同感的培训。

（四）探索实践"共创课程"的思政课程建设模式

（1）民族非遗专家、行业企业专家与教师共创课程素材。

（2）"学生、教师、企业"多元评价的学习成果评价体系。

三、将侗族文化元素融入思政课程的意义

（一）非遗传承不仅是技艺的传承，更是民族文化自信的传承

习近平总书记在党的十九大报告中指出，"强调坚定道路自信、理论自信、制度自信、文化自信""文化自信是一个国家、一个民族发展中更基本、更深沉、更持久的力量"。中职少数民族学生是国家经济建设的强大后备军。在新时代，国家未来的各项发展离不开中职学生的参与，离不开他们在民族文化自信意识上的觉醒。只有提高中职学生的综合素养，才能为国家输送更多高素质技能人才。因此，从文化自信的视角下对中职学校的职业素养教育进行重新定位与教学改革探索，是中职教育刻不容缓的重要课题。

（二）利用公共基础课堂丰富文化传承的形式与内容

将民族技艺融入专业课程进行文化传承固然重要，但由于专业的限制，受众面较局限。通过公共课程进行民族文化教育，可更全面地覆盖到全体学生。

（三）引导中职学生掌握并运用自我教育的方法

中职学生的文化自信是在文化环境的感染、熏陶下，在文化自觉和文化自省的基础上生成的，要引导中职学生掌握自我教育的方法，提升自我教育的能力，感悟文化带来的凝聚力。学生在文化环境的熏陶下，深受民族文化魅力的感染，理解民族文化的精神内涵，提升了文化的鉴赏力和辨别力，在文化觉醒的基础上，对本民族的优秀文化品质与价值追求有了发自内心的价值认同。

四、结语

通过对侗族茶、饮食的种类、制作技艺等文化知识的整理与收集，了解文化的形成与少数民族生存的自然环境、族源、生计方式之间的联系，探寻非遗文化中体现出的民族信仰观、道德观、集体观等文化内涵。结合国家颁布的中等职业学校思想政治课程标准，形成各类思想政治教育元素并融入"中国特色社会主义"课程教学各环节，充分体现思想政治教育元素，撰写体现"课程思政"改革思路的教学标准、教案、案例集等教学文件及课程资源，明确课堂教学目标，改革教学方法、评价方法。将思政

教育与素养教育同向同行，提升学生的综合素养，有助于提高学生的学习能力，增强就业竞争力，构建起全课程育人的格局。使少数民族学生在对自己的民族文化有充分自知的基础上，在文化传承的过程中获得自我身份的认同，建立文化自觉与自信，最终实现文化自强，达到将民族传统文化予以有效传承的目标。

参考文献

［1］马晓云．广西非物质文化遗产融入高职院校旅游管理专业课程教育实践研究——以桂林师专广西非遗文化特色课程为例［J］．教育观察，2020，9（14）：26-28.

［2］郭春发．"非遗"文化融入高校思想政治教育路径的探索——以赵抃故里"非遗"文化融入为例［J］．教育教学论坛，2020（25）：91-92.

【课题名称】本文为2020年中华职业教育社子课题"现代职业教育下民族文化传承元素融入思政课程的研究与实践"（ZYS-FY-017）阶段研究成果。